统编教材实用课堂教学指导用书

GAOZHONG SIXIANG ZHENGZHI KEYI ZHEYANG JIAO

高中思想政治可以这样教

主 编 刘 芳

NORTHEAST NORMAL UNIVERSITY PRESS
东北师范大学出版社
WWW.NENUP.COM

图书在版编目（CIP）数据

高中思想政治可以这样教 / 刘芳主编. —长春：东北师范大学出版社，2019.8
ISBN 978 - 7 - 5681 - 6160 - 2

Ⅰ.①高… Ⅱ.①刘… Ⅲ.①政治课—教学研究—高中 Ⅳ.①G633.202

中国版本图书馆 CIP 数据核字（2019）第 174579 号

□责任编辑：何　云　□封面设计：林　雪
□责任校对：杨　晓　□责任印制：吴志刚

东北师范大学出版社出版发行
长春净月经济开发区金宝街 118 号（邮政编码：130117）
电话：0431—84568086
传真：0431—84568082
网址：http：//www.nenup.com
东北师范大学音像出版社制版
长春鑫海印务有限公司印装
长春文化印刷产业开发区院内（邮政编码：130301）
2019 年 8 月第 1 版　2019 年 8 月第 1 次印刷
幅面尺寸：169mm×239mm　印张：11.5　字数：124 千

定价：42.00 元

序

七月，正值中国大地最炎热的季节，我有机会参加思想政治理论课程教材（大、中、小）一体化建设的调研工作。在与一线中小学思政课教师的座谈中，许多老师表示很少关注其他学段的思政课，迫切希望建立一个机制，促进大、中、小思政课教师坐在一起，共同研究思政课的有效衔接，建立贯通的思政课体系，理直气壮开好思政课、讲好思政课，用习近平新时代中国特色社会主义思想铸魂育人。

思政课是落实立德树人根本任务的主阵地。东北师大附中建校 69 年来，始终坚持国家需要就是附中的办学选择，借助大学主管，幼、小、初、高全学段办学的学校优势，小、初、高思政课教师经常性地开展联合教研，为小、初、高思政课教学有效衔接打下良好基础。在《思想政治课程标准》的导引下，附中老师和省内外专家们紧紧抓住“小初高一体化”这一着力点，结合多年的教学实践与研究，认真撰写了《小学道德与法治可以这样教》《初中道德与法治可以这样教》《高中思想政治可以这样教》三本教师教学用书。付梓之际，作为东北师大附中校长，欣然挥毫，写几句话与教育界同仁共勉。

思想政治教育工作是一项长期、系统的教育工程，是“有意识、有目的、有计划地教育人、培养人和提升人、促进人的实践活动”，贯穿于学生的成长过程。完整性和连续性，是思想政治教育的重要特征，也是构建小初高有效衔接思政体系须遵循的教育规律。从小学到高中，是学生从儿童到青少年的重要成长时期，是人生的“拔节孕穗期”，在这一时期，学生的生理、心理特点与思想状态都发生着巨大变化，所以思想政治教育也具有层次性和序列性。

丛书分别从课程目标、课程内容、课程实施等板块切入，重视课程体系、教材体系向教学体系的转换，建构螺旋上升的知识体系，更好地实现小、初、高思政课程一体化建设。这是老师们学习、领会和践行习近平总书记在思想政治理论课教师座谈会议上的重要讲话精神，破解小、初、高一体化思政课教学中遇到的问题，探寻小、初、高思政课教学有效衔接新路径的重要成果。丛书创新话语体系，立足课堂实践，及时把党的创新理论，特别是将习近平新时代中国特色社会主义思想融入小、初、高整个课程，让这些理论生动地进教材、进课堂、进学生头脑，帮助学生树立正确的世界观、价值观、人生观，深刻回答了培养什么人、怎样培养人、为谁培养人这一根本问题。

习近平总书记指出：“办好思想政治理论课关键在教师，关键在发挥教师的积极性、主动性、创造性。”本丛书创造性地设置板块、专题阐述小、初、高思政课教师队伍一体化建设，引导小学、初中、高中教师关注学生成长特点，倡导小、初、高思政课教师加强沟通，熟悉全学段教学，做到“真信、真懂、真用”，上以理服人的课，育灵魂高尚的人。

我国的思想政治教育伴随着新中国的建立和发展已经走过七十年的时间，使用的教材、教学内容、教学手段随着社会需求不断发生着变化，但是从整体性的角度出发研究小、初、高思政课的有效衔接却是一个薄弱环节。此套丛书的出版，恰逢其时，弥补了我国思政课教学研究领域的一些空白或不足。

中小学思政课肩负着“给学生的心灵埋下真善美的种子，引导学生扣好人生第一粒扣子”的重大使命。我们生活在中华民族发展的最好时期，既面临着难得的建功立业的人生际遇，也面临着百年未有之大变局的严峻挑战。培养能够担当民族复兴大任的时代新人，是新时代赋予我们教育工作者的使命。如何让学生喜欢思政课？丛书为我们开了良方：让思政课走进生活，贴近生活，成为入脑入心的“兴趣课”，让“有意义”的中小学思政课更加“有意思”。只有打动学生，才能影响学生，这是思政课本该具有的亲和力和生命力。

向理直气壮讲好思政课的老师们致敬！

东北师大附中　邵志豪

2019 年 8 月 11 日于长春

目　　录

第一章

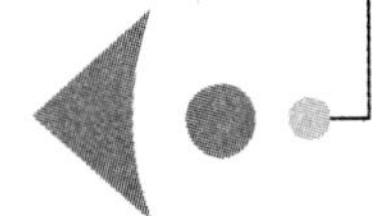

思政课是一门有意义、有意思的课

一直以来，党和国家领导人都对青年寄予厚望，2014 年 4 月 1 日，习近平在比利时布鲁日欧洲学院发表重要演讲时说："青年最富有朝气、最富有梦想。中国的未来属于年轻一代。"当前，我国已经进入中国特色社会主义新时代，党和国家更加重视青年的成长，积极关注青年、关心青年、关爱青年，努力把青年培育成为担当民族复兴大任的时代新人，是非常重要的任务，必须高度关注。

高中思政课，对处于人生关键时期的青少年而言，对于国家和社会培育中国特色社会主义时代新人而言，都是非常重要的一门课程。

2019 年 3 月 18 日，习近平主席出席学校思想政治理论课教师座谈会时发表重要讲话，他强调："思想政治理论课是落实立德树人根本任务的关键课程。"思想政治课的重要地位再次得到肯定。同时，习近平主席也就如何从根本上认识和办好思想政治课做出重要指示："办好思想政治理论课，最根本的是要全面贯彻党的教育方针，解决好培养什么人、怎样培养人、为谁培养人这个根本问题。"

思政课的作用是不可替代的，不仅对青年个人成长非常重要，而且对中华民族伟大复兴中国梦的实现、对于"两个百年"目标的完成也具有非常重要的意义——思政课是一门有意义的课程；高中思政课的内容丰富多彩，涉及政治、经济、文化、哲学等各个方面。教材不仅紧密结合当前国内外社会发展实际，而且在课程内容的设计上又依据高中生的认知特点和发展规律，有趣而灵活——思政课也是一门有意思的课程。

第一节　铸魂启智，立德树人

一、扣好人生第一粒扣子

青少年阶段是人生的"拔节孕穗期"，最需要精心引导和栽培。如果人生的第一粒扣子扣不好，接下来其他扣子也都无法扣好，最终将

会耽误整个人生，也会影响社会的发展和进步。当前，我国青少年的整体素质不断提高，比起前辈，他们有更强的好奇心和求知欲，知识更加丰富，综合能力更加突出，有更加开阔的视野和更高的目标与追求。同时，他们有很强的社会责任感，当发生社会重大事件时，都会看到我国青少年的身影。例如，2008 年汶川地震，有很多高中学生积极参与到为灾区人民捐款的行动中，甚至有些高中生偷偷去现场参与救灾和为灾区人民献血；又例如，近几年的杜嘉班纳辱华事件以及中美贸易战等，中国青少年都能积极关注、理性评价、有序参与。在我国举办的各级各类的国际盛会，如中国北京世博会，也都有我国青年志愿者的参与，很好地体现了我国青年爱国、明理的精神风貌，体现了勇于担当的社会责任感。

但是，我们也不无遗憾地看到，近些年，在青少年群体中也存在着这样或那样的问题。在复杂的社会环境中，高中生的思想会出现多元分化的趋势，尽管物质上越来越丰富，但是精神上没有相应的成长，虽然知识储备丰富，视野宽阔，但精神压力较大，迷茫、焦虑、紧张、脆弱等情绪不断滋生，存在诸多压力，如升学压力、人际交往压力、信息过剩压力等。另外，现代的高中生出生于我国改革开放已经卓有成效的新世纪，普遍生活在优裕的家庭环境中，缺乏敢于吃苦的精神。一些高中生虽然年纪很小却贪图享乐，不思进取，只注重物质享受，轻视精神成长，只知索取，不愿付出，甚至在学习、生活和人际交往中遵循“利益至上”原则。不可否认，这种思想的产生，除了市场经济产生的弊端、不良社会思潮影响之外，与我们偏颇的学校和家庭教育不无干系。一些学校在高考指挥棒下，把成绩作为教育优劣的最重要标准甚至唯一标准，有些家长也只看重孩子的学业成绩而不关注他们的精神生活，如此的引导也加剧了这种情况发展。对此，北大教授钱理群感慨地说："我们现在的教育，是实用主义、实利主义、虚无主义的教育，正在培养出一批我所概括的'绝对的、精致的利己主义者'，所谓'绝对'，是指一己利益成为他们言行的唯一的、绝对的直接驱动力，为他人做事，全部是一种投资。所谓'精致'指什么呢？他们有很高的智商，很高的教养，所做的一切都合理合法无可挑剔，他们惊人地世故、老到、老成，故意做出忠诚姿态，很懂得配合、表演，很懂得利用体制的力量来达成自己的目的。"如果这种现象没有得到遏制，甚至蔓延开来，那么我们的教育将是失败的，无法促进个人进步、社会和谐，更遑论中华民族伟大复兴。

所以，要"扣好人生的第一粒扣子"，必须以正确的价值观引领青年，以理想信念、爱国情怀而非精致利己观念来培育中国青年，要做到这一点，就必须加强思想政治教育，强化思政课的铸魂育人功能。

二、学好知识，丰富人生内涵

17 世纪英国哲学家培根说："知识就是力量"。知识推动社会的进步发展，也会极大地影响和改变人的一生。对于身处全球化、信息化的现代社会的中国青年而言，获取知识是提升人生价值的重要途经。青年所需掌握的知识，不仅有物理、化学、生物等自然科学知识，还要有语文、政治、历史等社会科学知识。然而，在知识、信息大爆炸的今天，知识更新异常迅速。例如，一个人所学的某些信息知识可能没出校门就已经被淘汰了。这是一个日新月异的时代，人的知识储备远远无法追赶上知识更新的速度。人们虽然可以借助电脑和智能手机

等电子设备储存、占有和使用知识，但越是这样，社会对人的学习能力、思考能力、甄别是非的能力、应对环境的能力就有越高的要求，而这些能力的获得，人类离不开对社会生活的政治、经济、文化三大基本领域理解，离不开对世界本质规律的把握，也离不开对所处社会主流价值观的认同，而这些能力的获得，就必须依靠对社会科学知识的学习来获得。

高中思政课立足于我国国情，根据高中生生活实际及认知特点进行马克思主义经济、政治、文化及哲学相关内容的讲解，知识涉及面广，认识有一定深度，有利于高中生整体能力的提高和综合素质的培育，符合学生未来发展要求。

高中必修一《经济生活》引导学生认识现实生活中常见的经济现象，使学生获得参与现代经济生活的必要知识和技能。要让高中生清楚，人类要创造美好幸福的生活，首先必须生存，这就需要解决衣食住行等问题，因此，物质资料的生产是人类社会存在和发展的基础。更要让学生清楚，不同的社会经济制度，对一个社会的影响不同，因为社会生产过程总是在一定的社会经济制度下进行的，这就是经济的内涵，即在一定的生产资料所有制的基础上进行的生产、分配、交换、消费等活动，以及在这些活动中形成人与人之间的关系。清楚了这一点，不仅对学生未来参加经济生活，追求美好生活，有非常重要的作用，也对学生理解和认同我国的基本经济制度具有非常重要的意义。学生也会在学习中“深切感悟到解放和发展社会生产力是社会主义的本质要求，以经济建设为中心是兴国之要，是我们国家兴旺发达的根本要求；促进中国特色社会主义新时代国民经济持续健康发展，必须深入贯彻落实新发展理念”，从而使学生对我国的整体国情有了充分的理解，对经济生活有意识地进行参与，对我国的社会制度形成自信，推动形成社会参与意识和高度的政治认同。

高中必修二《政治生活》引导学生理解对人类社会生活非常重要的政治知识。了解经济与政治的关系，使学生懂得政治是经济的集中体现，政治会反作用于经济，给经济的发展以重大的影响。更要使学生清楚地认识到，在阶级社会，不同阶级的政治地位是不同的，政治的实质是阶级关系和阶级斗争，阶级性是政治的根本属性。学生因此懂得，我国是人民当家作主的社会主义国家，人民是国家的主人，要有主人翁意识和社会责任感，要自觉地投身于建设富强、民主、文明、和谐、美丽的社会主义现代化强国建设中。

高中思政课必修三《文化生活》介绍关于文化的相关内容。当经济发展到一定程度，社会进步到一定程度，“文化”是越来越受关注的话题。“文化”使人生更丰富，而人们对文化的理解也应该是不断提升的。《文化生活》使学生了解优秀文化的巨大作用，了解文化的传播、继承、发展和创新，同时深刻体会到中华文化的博大精深、源远流长，体会到中华文明交流互鉴的精神气质，产生对中华文化的自觉与自信，最终化为建设社会主义文化强国的动力和践行社会主义核心价值观的行动。

高中思政课必修四《生活与哲学》内容则是从马克思主义哲学角度带领学生对四方上下进行探索，对古往今来进行追寻，提升学生思想，给学生打开智慧之窗、开启心灵之门，引导学生树立正确的世界观、人生观、价值观。哲学知识为学生提供了生活的航标，展示思维的行程，使他们的生命更加深沉、丰富。

可以说，高中思政课的内容大大地丰富了学生的学科知识，更在丰富学生政治、经济、文化、哲学这些具体知识的同时使学生不断地深化理解、加深认识，使学生的精神世界不断丰富，心理不断成熟进步，从而看待世界的眼光更加宽广、更加理性、更加积极。让思政课的智慧融入我们的学习和生活，人生将更美好、更精彩。

三、确立“三观”，摆正人生航向

生活中，人们常说“三观要正”，这句话朴素地强调了人生观、世界观、价值观的重要性。因为人们思想的先进性就取决于“三观”是否科学，是否正确，而思想是否正确又会极大地影响一个人的行为，从一定程度上说，“三观”也决定着一个人的人生追求和人生道路，决定着一个人的思想境界、道德情操和行为准则。

如果把人生比作一艘航船，那么，一个人的“三观”就是舵手，指引着航船驶向不同的人生彼岸。不同的价值观，将导致不同的价值判断和价值选择，从而使人走上不同的人生道路。历史上，岳飞从小受母亲教导，“精忠报国”是融入他骨子里的价值观，最终成为一代爱国名将；文天祥的《正气歌》穿越历史至今仍能鼓舞和激励中国人，他给予了中国人的一种价值选择“人生自古谁无死，留取丹心照汗青”，这样的选择让他名垂青史；为挽救孱弱的国家，林则徐坚持禁烟，结果被无能的清政府革职充军，却在去伊犁途经西安时慷慨书写“苟利国家生死以，岂因祸福避趋之”的名句。在近代，许多爱国青年在国家救亡图存的关键时刻，坚定选择了中国共产党，“杀头不要紧，只要主义真”，正是有了正确的价值观，才有了在艰苦卓绝条件下坚定不移的斗争，有了可歌可泣的人生，有了新中国的建立。

在当代，社会环境越来越开放，各种思想相互激荡，对青年人正确价值观的形成产生冲击和影响。有的青年始终坚持社会主义核心价值观，在自己的岗位上书写大爱大义，为人生增添了绚烂的色彩。

杜富国是一名普通的中国士兵，2010 年参军入伍成为南部战区陆军云南扫雷大队的一名中士。2018 年 10 月 11 日下午，在边境扫雷行动中面对复杂雷场中的不明爆炸物，对战友大声喊出“你退后，让我来”，在进一步查明情况时突遇爆炸，英勇负伤，失去双手和双眼，同组战友安然无恙。2018 年 11 月 18 日，杜富国被授予一等功一次。2019 年 2 月 18 日，他获得“感动中国 2018 年度人物”荣誉。5 月 22 日，中宣部授予杜富国“时代楷模”称号。2011 年 6 月入伍的杨科璋，生前任广西壮族自治区玉林市公安消防支队名山中队政治指导员。2015 年 5 月 30 日，在火灾救援中抱住 2 岁女童转移，因烟雾太大，踩空坠楼，怀中女童得救，杨科璋壮烈牺牲。2017 年 7 月 24 日，杨科璋被评为

“德耀中华”第六届全国道德模范候选人。2017 年 11 月，当选第六届全国道德模范。他们的事迹践行了他们对党忠诚，为人民、为社会服务的理想信念，也让他们的人生充满光辉。

然而，也有一些青年，受不良思潮影响，自由散漫，缺乏对历史和现实的正确认识，思想极端且幼稚无知。以 2018 年 4 月发生的“洁洁良”事件为例，厦门大学女研究生田佳良在微博上频频使用“你支”“粉红豚”等极具侮辱性的词汇辱骂祖国，攻击同胞。还有个别青年在南京大屠杀纪念馆前穿二战日军军服拍照，以“精日分子”自居。这些都是极度的历史虚无主义表现，对中华民族缺乏认同感，仇恨自己的民族和同胞。正像外交部部长王毅所斥：（精日分子）“中国人的败类”！这样的人，学业再好，三观不正，也难成国之栋梁。更可怕的是，网络上的“洁洁良”和现实中的“田佳良”判若两人：一个思想阴暗，对同胞和祖国充满仇恨和排斥；一个却是中国共产党党员，带着光环，被重点培养保送博士的优秀学生。十足的“金玉其外，败絮其中”的两面人，令人无法理解。可以说，田佳良的优秀人生完全是虚假的，是一种幻象，像田佳良这样的人虽然不多，但是对社会的危害是极大的，因此必须引起高度重视，要对青年人进行正确的“三观”引导。

再看今日中国，我们的视野更宽，责任也更大，习近平主席在亚洲文明对话大会上，站在全球化的高度看今日中国，怀着对人类极大的使命感说：“今日之中国，不仅是中国之中国，还是亚洲之中国，世界之中国。”今日之中国如何，要看今日之中国人如何，我们看到，在我国的各条战线上，都有努力前行的身影。

中学阶段是一个人的世界观、人生观、价值观形成的关键时期，思政课从社会生活各个方面，引导学生正确认识社会、认识人生，帮助青年扎实走好人生的每一步。

四、努力培养担当民族复兴大任的时代新人

现在，我国已迈入中国特色社会主义新时代，新时代的到来，使千千万万中华儿女积极参与到伟大的社会主义建设实践，参与到实现“两个百年”目标的建设实践之中，谱写着可歌可泣的奋斗诗篇。

国际知名地球物理学家黄大年教授，在祖国有需要的时候，毅然放弃了国外的优越科研条件、生活条件和极高的社会地位，回到祖国。他不仅把对祖国的爱写在大学毕业纪念册上——“振兴中华，乃我辈之责”，更是把这爱国热情付诸实际行动中。在他的带领下，团队夜以继日地深入进行地探领域的科学研究，在短短的数年时间里，我国就多次在相关领域实现弯道超车。直到生命的最后一刻，他仍然在坚持科学研究。

我国著名中共党史学家、毛泽东思想研究专家，中共党史学科、马克思主义中国化研究的重要开拓者和奠基人郑德荣教授，被誉为“红色理论家”。郑德荣教授一生致力于中共党史、毛泽东思想、马克思主义中国化、中国特色社会主义理论体系等诸多领域的教学和研究。这位具有坚定的马克

思主义信仰和社会主义、共产主义信念，对党的事业无限忠诚的优秀共产党员，从未因现实的复杂而放弃梦想，从未因理想的遥远而放弃追求，毕生“在马言马、懂马信马、传马护马”，真正做到了对马克思主义的真学、真懂、真信、真用，是党性原则与科学追求相结合的光辉典范。

这样的名字可以列出长长的一大串，可以说，没有他们，就没有国家的强盛，就无法实现中华民族伟大复兴的中国梦。而青年人，未来必须肩负起祖国伟大复兴的重任。

在中国特色社会主义新时代的大背景中，青年应顺应社会发展趋势，努力成为能够担当民族复兴大任的时代新人。须要注意的是，时代新人不是指有新形象和新外表，而是有新内涵，即新在具有符合中国特色社会主义新时代的价值观和使命感。也就是说，在新时代，只有那些能够担当民族复兴大任的人才可以被称之为时代新人。怎样的人才能够担当民族复兴大任呢？我们的时代新人首先必须具有坚定的立场、原则和理想信念。同时，还需要有较高的科学素养和良好的身体素质，也要有宽广的国际视野，有较强的实践能力。特别是立场、原则的确立和理想信念的养成，皆离不开思政课的贡献。思政课的内容能够帮助青年正确认识当前国情、社会发展规律，帮助青年树立正确的思想观念，帮助青年形成坚定的理想信念。

第二节　良好的开端是成功的一半

开篇第一课的重要性毋庸置疑，它要承担起如下使命：使学生从整体上了解即将学习的内容，理解课程和模块的重要性，认同教材地位以及对自己发展的帮助。高中思想政治课的第一课要让学生了解课程的内容，即以社会主义物质文明、政治文明、精神文明、社会文明、生态文明建设常识为基本内容，坚持马克思列宁主义、毛泽东思想、邓小平理论、“三个代表”重要思想、科学发展观、习近平新时代中国特色社会主义思想等基本观点，要让学生深刻认识到学习思政课的重要意义，思政课知识对其一生发展的影响，从而乐于接受思政课。因此，成功开好第一课，对整个思政课的有序有效开展有非常重要的意义，必须高度重视。

一、目的明确，彰显自信

党的十九大报告指出：人民有信仰，国家有力量，民族有希望。思政课的作用之一，就是帮助青年学生树立和坚定信仰。

1. 以目的引领课堂

在思政课上，教师首先要做的就是理直气壮地阐明思想政治课的

育人目的，告诉学生高中思政课教学是以马克思主义基本理论、中国特色社会主义理论和中国特色社会主义核心价值观为基础，目的是通过系统理论知识的传授，使青年学生从“顶层设计”的高度了解我国的国情、党情、社情、民情，从而坚定信仰，增强社会责任感。阐明目的，也就坚定了立场，明确了方向，要相信青年学生本身就有梦想、有追求，但是作为未成年的高中生，对自己的理想和追求缺乏理论支撑，底气和信心不足，也就不够坚定、稳定，因此思政课就是要通过理论知识和价值观的传递，坚定青年学生的信念。

当前，人民的信仰是什么呢？概括来说，是社会主义核心价值观。党的十八大提出，倡导富强、民主、文明、和谐，倡导自由、平等、公正、法治，倡导爱国、敬业、诚信、友善，积极培育和践行社会主义核心价值观。习近平总书记在党的十九大报告中指出，培育和践行社会主义核心价值观“要以培养担当民族复兴大任的时代新人为着眼点，强化教育引导、实践养成、制度保障，发挥社会主义核心价值观对国民教育，精神文明创建，精神文化产品创作、生产、传播的引领作用，把社会主义核心价值观融入社会发展各方面，转化为人们的情感认同和行为习惯”。因此，思政课要理直气壮地弘扬社会主义核心价值观。

2. 以思想点燃课堂

政治课的理论性、思想性很强，习近平总书记在学校思想政治理论课教师座谈会上提出“八个统一”的具体要求，其中一个统一就是坚持政治性和学理性相统一，以透彻的学理分析回应学生，以彻底的思想理论说服学生，用真理的强大力量引导学生。高中学生已经具有一定的抽象思维和理性思维基础，他们在初中学习中已经对我国的各种社会现象有感性且正确的认识。

> 以中美贸易战为例，学生能从经济全球化的总趋势和朴素的爱国情感出发，认识到美国大打贸易战是伤人伤己，不利于世界经济发展和和平进步的错误行为，然而没有经过系统理论学习，只知其然而不知其所以然。在高中思政课的《经济生活》中，教师可以引导学生从资源优化配置的重要性、经济全球化的有利影响等方面深入理解贸易战的危害，从而坚定维护经济全球化的立场，对我国“一带一路”倡议也就有了理论基础和自信；在高中思政课《政治生活》中，学生可以从“国际关系的决定性因素”“和平与发展的时代主题”“世界多极化趋势”等理论知识中正确认识美国的霸凌行为，清醒地认识到“零和博弈思维”的危害，从而更加认同我国提出的构建“人类命运共同体”的倡议。思想使学生的思维更加开阔，认识更深入，更加清醒理智。

同时，思想使政治课堂更具魅力和吸引力。以思想点燃思政课堂，让真理越辩越明，让人心更加明亮，让信仰更加坚定，更加自信。

3. 以实践论证课堂

习近平总书记对思政课教师提出的“八个统一”中，强调“坚持理论性和实践性相统一”，思政课的教材内容，是马克思主义基本原理以及从中国革命实践、社会主义建设实践中总结出来并经过反复论证

的科学理论。要让高中生充分理解这些原理，不能仅仅通过教师的单纯讲授，而恰恰要把这些原理同当前社会实际相结合，用学生容易理解的生活案例、社会现象，学生关注的当前社会热点以及相关历史进程、社会发展潮流等具体生动的实践材料去解读和论证。因此，思政课教学必须坚持理论性和实践性的统一，这种意识要在开篇第一课中就贯彻下去，打开界限，把思政小课堂同社会大课堂结合起来，这样不仅使学生更易理解课堂内容，更加信服我们的理论，也从科学理论的高度看待我国的国情、社情、民情以及国家的各项方针政策。例如讲解《政治生活》中党的宗旨是全心全意为人民服务，可以列举当前如精准扶贫、乡村振兴战略、完善社会保障体系等具体事例，让学生从鲜活的社会实例中实实在在地感受到这一点。

二、内涵丰富，引人入胜

内涵丰富是思政课的魅力之一。从内容来看，思政课涉及政治、经济、文化等各个方面知识，是高中各门课程中最为充分地介绍社会科学知识的一门课程；从方法来看，思政课引导学生学会用联系的、发展的、全面的观点去分析和把握他们接触的社会现象和身边的人和事，使学生变得理性成熟，能够更加客观地看待各种社会现象；从价值观角度来看，高中思政课特别注重对青少年三观的培养，学生对思政课的相关知识进行学习的过程也是构建自我精神世界的过程。对于处在成长关键期的高中生，思政课丰富的内涵正是他们适应未来社会所必需的，这是思政课的学科优势。

1. 基于学生成长需要的知识进行传递

开篇第一课就要让学生清楚高中思政课将要介绍的是学生在未来社会领域必须面对和解决问题时所必需的知识。以《经济生活》为例，尽管未来学生不一定从事金融、经济管理等方面的工作，但是，任何一个现代社会的人都无法回避个人消费、理财等经济社会领域的问题。在思政课上，学生在教师的引导下关注到在当前社会中有些大学生因为超前消费而影响正常学习生活，更有甚者因为贷款消费沦为了“套路贷”的侵害对象，使自己的学业受到影响、人身受到损害，家庭也因此遭受重大经济损失。出现这种现象的原因就是这些大学生缺乏理性消费意识，缺乏法治观念，不懂得保护自己。当前，我国提倡居民通过合法渠道获得财产性收入，但是也有根本不关注理财的人，于是同样地辛苦工作，同样的劳动报酬，会理财和不会理财的人在生活品质和财富积累方面会有非常大的差距；也有一些人经不住高额利息的诱惑，将自己的积蓄投入到民间非法融资公司中，甚至陷入“庞氏骗局”，最终将会造成所有积蓄化为乌有，产生这两种情况的原因都是缺乏正确的理财知识。《经济生活》中关于如何合理消费、理财要注意的事项等相关内容从大的原则上给学生以引导和提示，未来生活中学生就会有意识地关注消费、理财等方面的内容。如果学生通过对经济知识的学习对我国经济发展、生产与消费所传递的信号进行分析，将会在理财方面取得不俗的成绩。

2. 基于学生普遍困惑的问题进行引导

社会生活本身就是复杂的，特别是在当前社会条件下，市场经济

的发展，改革开放的深入，中国社会更加包容开放，但也使得各种文化、各种思想相互激荡、彼此冲击。高中生已经开始对身边的社会问题积极深入地进行观察与思考，也会产生各种困惑和疑虑，例如在职业选择、自身发展、人工智能等社会新生事物以及各种负面事件等认识中，都有彼此冲突的两种甚至多种声音。对这些社会现象和事件的解读与评价，会直接影响他们对未来的信心以及自身的价值判断和选择，所以特别需要引导。思政课中的辩证唯物主义和历史唯物主义思想内容就如一把“万能钥匙”，教会学生全面地、辩证地、理性地看待他们所遇到的各种问题；思政课中的社会主义核心价值观又如“定海神针”，明确了立场，也就增强了学生的思想定力，从而摆脱了思想上的困扰。

3. 基于学生普遍关注的内容进行解读

作为青年人的高中生应特别关注社会的发展，关注我国的民族复兴大业，甚至开始关注人类的命运。从国内来看，我国经济面临下行风险，人口结构不平衡、老龄化趋势明显，资源和环境问题突出；从国际来看，全球和平问题、发展问题、人口问题、环境治理问题、区域稳定与发展问题等等。如何透过纷繁复杂的社会现象把握社会发展的本质，确定社会发展的趋势和规律，需要有相关的专业知识储备，高中思政课为学生提供经济、政治、文化、哲学等各个方面的知识，从根本上对学生所遇到的各类问题进行解答。例如，当前我国面临的经济下行压力，如何破解困境，学生可以从社会发展趋势和规律的知识中找到答案。

三、手段新颖，别样精彩

思政课内容本身思想性、理论性很强，教师如果只是就知识进行讲解，势必会造成“以知识讲知识”，不仅会给学生一种“干巴巴、没意思”的感觉，而且也会增加学生的理解负担，不能很好地贯彻教育教学目标。因此，当前的思政课教学必须推进教法创新、学法创新以及教学手段创新，目的是尽可能地让思政课“活”起来，通过创新让学生真正感受到政治课的“理性之美”，从而爱上政治课堂。这种创新的教育理念必须在教学开始前就明确下来，在开篇第一课里就贯彻落实，并成为思政课一以贯之的教学指导思想。

1. 引入丰富的思想资源和实践案例

任何理论都源自于实践，当然也可以再从实践中找到精准的案例进行论证，因此，让理论深入人心的途径就是以实践对理论进行还原和解读。开篇第一课要让学生明确全书所学的内容，特别是要让学生认识到本课程的重要性，最佳途径就是实践案例的介绍。例如在讲授《经济生活》的第一课，关于商品的相关知识，就需要丰富的实践案例辅助学生理解。例如讲解商品的概念时，把身边的各种物品展示出来让学生进行判断，可以使其更充分理解商品概念。讲解商品的基本属性时，教师展示某企业车间的条幅“质量是企业的生命”，让学生分析为什么企业要重视商品的使用价值。正是以这个典型案例为载体，使学生很容易弄清楚“使用价值是价值的物质承载者”，也就很好地解决了教学难点“使用价值和价值的关系”。生活经历、社会热点、历史事

件等案例不仅使学生感到亲近，容易理解，还起到引导学生正确看待事物的作用，是对学生核心素养的培养。

2. 运用多媒体等现代技术手段

多媒体等现代技术手段对现代化课堂而言是不可或缺的。将整节课的知识脉络以图示或思维导图等形式呈现，使教师要讲授的内容更加形象直观；将要呈现的某个社会热点现象以视频的形式介绍，使课堂更加灵动；将课堂要使用的某些素材和文本或者学生的答案或笔记呈现在大屏幕上，使课堂更有效率。例如在《文化生活》的开篇第一课介绍文化的概念和作用，“文化是什么”“文化为什么如此重要”，从理论上介绍比较抽象，尽管学生会理解，但是不会在意识层面上形成共识，如果教师直接将一部唯美的人类文化作品通过多媒体直观展示给学生，再将其对社会产生的重大影响以视频的形式简单呈现，对学生形成的心灵震撼比教师讲解多少句都更强烈，带着这种震撼再回归教材，学生就更容易接受教材对文化的实质和总的作用的概括：“文化作为一种社会精神力量，在人们认识世界和改造世界的过程中，可以转化为巨大的物质力量。”政治课堂的时政性很强，对近期发生的热点新闻、国家大事的介绍和解读，是思政课题中应有之义，但是又不能挤占更多的课上时间，这项任务的完成也必须借助多媒体技术。

3. 坚持互动探究的教学方式和学习模式

上述两点提到，要想让思政课“活起来”，就必须发挥教师的引领作用，在资源和案例的使用上下功夫，以“新”和“活”的思想资源和实践案例充实课堂，同时以先进的多媒体教学手段辅助教学，让课堂更生动。但是，让课堂“活起来”的最重要方面，是要让课堂的主体——学生“活起来”。让学生参与课堂的前提是改变以往的教学观念，教师采用启发式、探究式、讨论式、参与式的教学方法，引导学生自主学习、合作学习、深度学习。教师选择情境和设置问题，通过不同层级的问题引导学生通过自主学习教材解决简单问题，小组合作探究解决复杂问题，师生互动总结升华问题的方式来完成对教材内容的学习。这样的教学和学习方式让学生有机会深度参与课堂，激发了学生的学习兴趣。问题导引作为一种任务驱动，使学生的思维始终保持活跃的状态，问题设计着眼于高中生的认知特点，着眼于高中生的情感联系，着眼于社会发展趋势，着眼于中国特色社会主义的总任务，着眼于社会主义核心价值观，有效提升了高中生的思想深度和广度，让学生深切体会到思想政治课的理性之美。

好的开始是成功的一半。开篇第一课的重要性毋庸置疑，它起到一个确定基调和指引方向的作用，第一课目的明确、内涵丰富、形式新颖，才会吸引高中生从理性和情感上双重接纳高中思政课，再积极投入到未来的思政课学习中来。

第二章

培育学科核心素养，传导主流意识形态

2017 年末，以学科核心素养为课程目标和课程建构框架的《普通高中思想政治课程标准》发布。新课程标准明确提出，高中思想政治“以立德树人为根本任务，以培育社会主义核心价值观为根本目的，是帮助学生确立正确的政治方向、提高思想政治学科核心素养、增强社会理解和参与能力的综合性、活动型学科课程。”“高中思想政治课程紧密结合社会实践、讲授马克思主义基本原理，特别是马克思主义中国化最新成果，引导学生经历自主思考、合作探究的学习过程，理解中国特色社会主义进入新时代的历史方位，了解新时代中国特色社会主义经济、政治、文化、社会、生态文明建设和党的建设进程，培育政治认同、科学精神、法治意识和公共参与等核心素养，逐步树立共产主义远大理想和中国特色社会主义共同理想，坚定中国特色社会主义道路自信、理论自信、制度自信、文化自信，基本形成正确的世界观、人生观、价值观。”这些内容让我们明确了高中思想政治“讲什么”的问题，因此，基于课程标准的规定，立足教材，选择好高中思想政治课的内容，是上好高中思想政治课的关键一环。

第一节　依托课程内容，培养学科核心素养

学科核心素养是学科育人价值的集中体现，是学生通过学科学习而逐步形成的正确价值观念、必备品格和关键能力。《普通高中思想政治课程标准（2017 年版）》提出，思想政治学科核心素养，主要包括政治认同、科学精神、法治意识和公共参与。

（素），在《说文解字》中是这样说的：“白致缯也。”通俗点讲，就是白绢，一种白色的、本色的、下垂感很强的绢。如：

纯以素。——《礼记·杂记》

素服哭于库门之外。——《礼记·檀弓》

在古代汉语和现代汉语言中，“素”都有很多种意思，其中有一种解释是：本来的，质朴、不加修饰的。

（养），在《说文解字》中解释为："供养也。"如：

凡食养阴气也，凡饮养阳气也。——《礼记·郊特牲》

殳能生之不能养之。——《荀子·礼论》

在其后续变化的意思中，有"教育，训练"之意。

看来"素"和"养"都有自己特定的涵义和时代意义，而把"素"和"养"放在一起，自然便又具有新的内涵了。在《汉语词典》中，"素养"有两种解释：一是由训练和实践而获得的技巧或能力；二是平素的修养。而《国语辞典》中则直接认为："素养"就是平日的修养。如：

有所素养者，使人示之以利，必持众来。——《后汉书·卷七四下·刘表传》。

看来，依《国语辞典》的解释，"素养"就是指修养。

可以说，素养已成为 21 世纪学习者应有的一个重要品质。由于职业分工不同，且越来越精细化，所以素养的内涵也日渐多元和丰富。但我们把各行各业不同情况的素养进行抽象概括，仍能发现在不同职业中素养也有其共性，我们便把它称之为职业素养。

职业素养是指职业内在的规范和要求，是在职业过程中表现出来的综合品质，包含职业道德、职业技能、职业行为、职业作风和职业意识等方面。

职业素养是个很大的概念，但列在第一位的始终是专业。当然，除了专业以外，敬业和道德也是必备的，体现到职场上我们把它称之为职业素养，体现在生活中我们把它称之为个人素质或者道德修养。

专家们普遍认为，职业素养至少包含两个重要因素：敬业精神及合作的态度。敬业精神就是在工作中要将自己作为职业单位的一部分，不管做什么工作一定要做到最好，发挥出实力，对于一些细小的错误一定要及时地更正，敬业不仅仅是吃苦耐劳，更重要的是“用心”去做好职业单位分配给的每一份工作。态度是职业素养的核心，好的态度比如负责的、积极的、自信的、建设性的、欣赏的、乐于助人的态度是事业成败的关键因素。

职业素养是人类在社会活动中需要遵守的行为规范。个体行为的总和构成了自身的职业素养，职业素养是内涵，个体行为是外在表象。所以，职业素养也是一个人职业生涯成败的重要因素。

作为众多职业中的一个重要职业：教育，也有其重要的职业规则和职业标准，而从事这门职业的主体——教师，也自然而然地要遵守职业道德并拥有良好的职业素养。

随着经济全球化与信息技术化的深入发展，全球教育界掀起了“核心素养”的研究热潮，一些国家和国际组织纷纷出台了关于“核心素养”的培养体系。再清晰点说，就是在教育中，教师和学生作为教育的双方，国家不仅规定了教师应该有的职业素养，也对学生提出了应该具备的学科核心素养。所谓学科核心素养，是学科育人价值的集中体现，是学生通过学科学习而逐步形成的正确价值观念、必备品格和关键能力。突出强调个人修养、社会关爱、家国情怀，更加注重自主发展、合作参与、创新实践。

为了与国际接轨，2014 年 4 月，教育部印发了《关于全面深化课程改革，落实立德树人根本任务的意见》，2016 年 9 月，在召开的中国学生发展核心素养研究成果发布会上，明确阐述了《中国学生发展核心素养》这一总体框架。其中，高中思想政治课是高中生思想政治

教育的主渠道，也从本学科核心素养出发，担负起了培养社会主义建设者和接班人的重任，并合理地运用与学科特质相匹配的基本内容对学生进行了教育的培养。

为了准确把握高中思想政治学科核心素养的含义与构成是思想政治学科核心素养培养的关键，必须首先厘清高中思想政治学科核心素养与总体核心素养的关系。一般来说，二者是个性与共性的关系，总体核心素养蕴含着各个学科核心素养的共性，是各个学科核心素养的凝练与升华，服务于立德树人的根本任务。高中思想政治学科核心素养则具有学科个性，是总体核心素养在高中思想政治学科中的具体体现，除了要服务于立德树人的根本任务，还要从总体核心素养出发并服务于总体核心素养。

基于上述认识，就可以给高中思想政治学科核心素养做出界定，所谓高中思想政治学科核心素养，是指学生通过学习马克思主义基本原理、中国特色社会主义理论体系等政治知识，而逐渐形成能够适应信息化时代下的复杂情境的基本素养，以及综合运用思想政治知识处理危机、分析矛盾、应对挑战、解决问题的技巧和能力。

高中思想政治学科作为一门进行马克思主义理论教育的学科，覆盖哲学、政治学、经济学、逻辑学、法学等主要哲学社会科学，是一门综合性、应用性极强的学科，从而决定了思想政治学科所具有的独特的培养核心素养的内容优势和功能优势。这里，从学科核心素养的构成出发，进一步进行分析阐释。

一、政治认同——有理想有信念

“认同”一词起源于拉丁文“idem”，即相同的意思。“认同”原为精神分析学上的一个名词，是指儿童成长过程中为了获得成人的赞赏与认可，而以父母特征自居的现象。而后广泛应用于心理领域，最先使用“认同”这一概念的是心理学家弗洛伊德，之后哲学、社会学、政治学也在各自领域把认同作为研究重点。认同用在教育上，其涵义不同于精神分析学中的释义，而是指个体对新的思想、知识、观点或他人的思想等由不了解、不认可到接受、认可。“认同”在核心维度上包含政治认同、国家认同、价值认同与文化认同四个方面。

“认同”首先应是一种政治认同，这是思想政治教育领域的“认同”区别于其他学科“认同”的首要特质。

关于政治认同，不同学者有多样的理解。

董雅华认为，政治认同“在本质上是社会大众对政治体系的信任、信念和信仰。这其中既包含有人们对政治体系的认知、情感和判断，也包含有人们对政治体系基本价值的信念和信仰。政治认同的合法性体现在两个方面：一是社会大众对政治体系基本价值的信念和信仰；二是社会大众对政治体系的忠诚与支持。而当代中国的政治认同既包含民众对马克思主义和社会主义的认同，又包含民众对中国共产党的领导及国家大政方针的认同。

复旦大学的方旭光认为，“政治认同是社会成员对现存

政治系统、政治运作同向性（或一致性、肯定性）的情感、态度和相应的政治行为。政治认同属于一定的主体所进行的政治活动的范畴，它既是主体对一定的政治对象认知趋同的过程，又是对一定政治对象进行政治行为支持的过程”。

李若衡认为，“政治认同主要表现为认同人们对所属国家及国家政体、政府的归属感、肯定感，与人们的心理活动和社会政治空气有密切的关系。其中，包括政府认同（政治效能认同）、意识形态认同、执政党认同和政治制度认同”。此种认同，多是个体或团体基于自身的利益偏好、理想愿景所进行的主动或被动的选择，是认同主体政治意识的形成及变化过程。

思想政治教育实践的一个重要目的，就是要获得民众对当前政治主体及政治运行系统的认可与赞成，是要赢得民众对当前政治的认同。民众认同与否，认同的深度及广度如何，都在心理层面影响到政治的稳定、繁荣，并进一步影响到一个国家的和平、稳定与安宁。政治的繁荣、稳定及昌盛与否乃是一个国家文明进步的重要标志，也是百姓安定、康宁、幸福的维系前提。政治的和谐、有序、先进、人本化同时亦是社会文明得以维系的保证。而思想政治教育的一个题中应有之义就是要通过化育体系与化导实践促进政治的安宁与稳定。因此，思想政治教育所欲获取的“认同”首先是一种政治认同，是对一种政治制度、政治体制、政治治理等方面的先进性、合理性、合群众利益性、合民意性、合时代性的认同。是通过政治制度及政治运行的先进性、合理性、合国家利益、合民众利益的宣传化，达到获得民众的认同，继而团结人心，凝聚力量，实现稳定与发展。特别需要说明的是，一个时代的政治治理与政治统治，只有在获得民众普遍的“政治认同”之后，才能从根源层面实现国家稳定、民族发展与社会进步。政治认同不仅对执政党具有关键价值，对民族、国家、社会亦有着非凡的意义。因此，“政治”理所当然地成为思想政治教育“认同”的首要目标及最终旨归所在。

最先提出政治认同这一概念的是美国政治学家威尔特·A·罗森堡姆，他将政治认同阐释为一个人感觉他属于什么政治单位、地理区域和团体，并强烈要求自己效忠、尽义务或责任于这一单位和团体。

国内的一些工具书对政治认同概念都有解释，如《资本主义大辞典》这样定义政治认同：“人们在社会政治生活中产生的一种感情和意识上的归属感。”《中国大百科全书·政治学》赞同这一观点，与此同时又进一步解释，人们在社会生活中总要在一定的社会联系中确定自己的身份，并自觉地以组织的规范来规范自己的行为，这就是一种政治认同。《政治学词典》对这一定义的范围做了限定，指出政治认同是在社会政治生活中形成的对国家、政党、政策等方面的归属感。

我国公民的政治认同，就是拥护中国共产党的领导，坚持和发展中国特色社会主义，认同中华人民共和国、中华民族、中华文化，弘扬和践行社会主义核心价值观。

中国特色社会主义是改革开放以来中国共产党的全部理论和实践的主题，是党和人民历尽千辛万苦、付出巨大代价取得的根本成就，社会主义核心价值观是当代中国精神的集中体现，凝结着全体人民共同的价值追求。认同中国特色社会主义和社会主义核心价值观，才能形成全国各族人民团结奋斗的共同思想基础，坚持中国道路、弘扬中

国精神、凝聚中国力量，为实现中华民族伟大复兴的中国梦而奋斗。青少年的政治认同是他们创造幸福生活的精神支柱、价值追求和道德准则；发展政治认同素养，才能牢固树立中国特色社会主义理想信念，成为社会主义合格建设者和可靠接班人。

对于学生而言，政治认同，指的是学生在当今社会生活、政治制度之下的自豪感与归属感，体现了学生坚定的理论自信、制度自信、道路自信和文化自信，与学生的政治立场与理想信念密不可分。政治认同在思想政治学科核心素养中占据着重要的地位，在社会政治生活中发挥着强有力的作用。一方面，政治认同深刻反映了思想政治学科的意识形态性，其中所囊括的对国家政治制度、法律、政党、社会道路等的认同既是思想政治学科所教授的主要内容，又为思想政治学科存在的必要性与重要性奠定了基础，是思想政治学科的学科特色与学科属性的重要体现。另一方面，政治认同体现了学生对马克思主义、中国特色社会主义道路的认同，对中国共产党及中国政府的自觉认同与拥护，既是学生坚定的政治立场与家国情怀的外在表现，又可成为激励学生向上、向前的青春正能量。

新教材《经济与社会》依据习近平新时代中国特色社会主义经济思想的基本原理，讲述我国社会主义基本经济制度，解析社会主义市场经济的基本特征，阐释指导我国经济社会发展的新理念，帮助学生理解全面深化改革的意义以及认同我国的经济制度。《政治与法治》系统地讲述了我国的根本政治制度和基本政治制度，详细介绍了公民、政府、中国共产党、人民代表大会、政协等主体，通过熟悉我国的政治体制，达到对党和国家的领导力量，政治经济体制、机制的政治认同。

下面，举两个例子，来说明政治认同这一核心素养在思想政治课堂上的落实和达成。

第一，“中国共产党执政是历史和人民的选择”的论断。

对于这一论断，很多教师在讲解过程中，都存在着一定的不自信，所以导致学生在接受时也不自信，甚至是有些不太情愿接受。我在讲这一命题时，充分从理论和现实两个方面进行了剖析，效果还是很明显的。

我认为，任何一个社会历史发展形态，如奴隶制社会、封建社会、资本主义社会等主体都是由两个对立阶级和一个阶层所构成的，而到了每一个社会历史发展形态的末期，都基本会出现两个相对于现有社会历史发展形态进步的两个新兴阶级，这两个新兴的阶级逐步取代两个现存的旧的阶级，于是人类社会不断地向前发展、进步着。比如说，奴隶制社会主要由奴隶主阶级、奴隶阶级和奴隶社会的平民阶层所构成，而到了奴隶制社会末期，就中国而言的春秋战国时期，在奴隶制社会内部出现了封建地主阶级和封建农民阶级，封建地主阶级通过变法改革，带领广大人民推翻了奴隶主阶级，于是中国社会进入到了一个崭新的社会——封建社会。封建社会主要由地主阶级、封建的农民阶级以及封建的平民阶层所构成，中国的封建社会在经历了大概一千七百年左右的时间后进入到明朝中后期，在江南的纺织工场里出现了早期的资本主义萌芽，有了早期的资产阶级和工人阶级。于是，这一时期中国便有了封建地主阶级、封建农民阶级、封

建的平民阶层、新兴资产阶级和工人阶级五股力量，而清朝的腐朽统治使中国走进了半殖民半封建社会，国家的主权、领土、政权和广大人民都饱受摧残，但自强自立、勤劳勇敢的中国人一直在追求着独立和富强。于是一股又一股的政治力量相继走上政治舞台来挽救民族于危难之中。

首先登上历史舞台的是中国的封建农民阶级，他们在洪秀全的带领下，掀起了轰轰烈烈的农民起义——太平天国运动。这场运动先后历时 14 年，其持续时间之长、破坏强度之大、影响范围之广，都是中国历史上绝无仅有的，给清王朝的统治以沉重打击。然而农民阶级由于其自身的局限性，起义最终被清政府镇压了，自此走下了历史舞台。

资产阶级作为封建社会末期出现的新兴进步阶级，自身也分成了两个派别，一个是资产阶级改良派，一个是资产阶级革命派。

第二个走上历史舞台来救中国的是资产阶级改良派，他们在康有为、梁启超的带领下，1898 年 6 月 11 日，发动了戊戌变法运动，倡导学习西方，提倡科学文化，改革政治、教育制度，发展农、工、商业等的资产阶级改良运动。但因变法损害到以慈禧太后为首的守旧派的利益而遭到强烈抵制与反对。1898 年 9 月 21 日，慈禧太后等发动戊戌政变，光绪帝被囚，康有为、梁启超分别逃往法国、日本，谭嗣同等戊戌六君子被杀，历时 103 天的变法失败。戊戌变法运动的失败，究其根源就是资产阶级的软弱性所导致的，也因此走下了历史舞台。

第三个走上近代历史舞台的是中国封建社会的平民阶层，那就是19世纪末中国发生的一场以“扶清灭洋”为口号的义和团运动，这一运动粉碎了帝国主义列强瓜分中国的狂妄计划，沉重打击了清政府的反动统治，加速了它的灭亡。然而这场运动在中外反动势力的联合镇压下，最终以失败而告终。而究其失败的原因，主要是义和团运动没有科学的纲领做指导，他们利用设立神坛、画符请神等方法秘密聚众，其中掺杂有大量教授信众“刀枪不入”的愚昧成分，所以必然走向失败，走下了历史舞台。

紧接着走上历史舞台的是中国资产阶级的革命派，他们在孙中山、黄兴等的领导下，发动了武昌起义，开启了轰轰烈烈的辛亥革命。辛亥革命是近代中国比较完全意义上的民族民主革命。它在政治上、思想上给中国人民带来了不可低估的解放作用。辛亥革命开创了完全意义上的近代民族民主革命，推翻了统治中国几千年的君主专制制度，建立起共和政体，结束君主专制制度。传播了民主共和理念，极大地推动了中华民族思想解放，以巨大的震撼力和影响力推动了中国社会变革。然而不幸的是，辛亥革命的胜利果实最终被袁世凯所窃取。可以说，是因为资产阶级革命派的革命不彻底性，最终导致辛亥革命的失败。

由此我们看出，中国封建社会末期反对清王朝统治的政治力量中，相继走上历史舞台，又相继走下历史舞台，而清王朝统治者又不可能自动退出历史舞台，面对这种情况，中国当时的最后一股政治力量——中国的工人阶级开始走上了

历史舞台，而这股力量的主角便是中国共产党人，他们带领中国人民经过28年的浴血奋战，克服重重困难，最终带领中国人民建立了一个独立的国家，走上了执政的地位。

通过以上分析，我们不难发现，中国共产党走上执政地位不是自封的，而是中国近代社会历史的必然、历史的选择。而在这其中，中国人民选择了中国封建农民阶级、选择了中国资产阶级的改良派、选择了中国资产阶级的革命派，但这些政治力量都失败了，最后人民选择了中国共产党领导的这场新民主主义革命，取得了成功，可见，中国共产党执政不仅是历史的选择，更是人民的选择。

这种讲课方式，学生是容易接受的，也是极容易理解和心悦诚服的，更容易达到政治认同。

第二，“毫不动摇巩固和发展公有制经济，毫不动摇鼓励、支持、引导非公有制经济”的观点。

很多老师在交待这一观点时，总是漫不经心，缺乏对观点细节的把握，因此不容易给学生留下深刻的印象，自己也缺乏深入的认同感。

公有制经济是社会主义经济的根本特征，离开了公有制，我们就不能称之为社会主义国家了。从现实来看，公有制已显现出巨大的潜力和优势，它不仅存在于纯粹的公有制经济中，也大量地存在于混合所有制经济中。正因为公有制经济有这么大的魅力和优势，所以我们要“巩固”，但任何事物都不是停滞不前的，停滞不前就是落后，所以要想“巩固”好我们的公有制，就必须不断地“发展”公有制，因此，在“公有制经济”前我们要用“巩固和发展”。而对于非公有制，我们则主张“鼓励、支持、引导”。

为什么要“鼓励”非公有制经济呢？因为非公有制经济在现今有着非常重要的作用，它在支撑经济增长、促进创新、扩大就业、增加税收等方面具有重要作用。正因为如此，所以我们要“鼓励”非公有制经济的发展。

为什么要“支持”非公有制经济呢？因为非公有制经济在现今面临着诸多的困难，尤其在资金方面存在着很大的问题，所以国家出台了很多支持非公有制经济发展的举措，如各大银行专门出现了给非公有制经济尤其是小微企业贷款的业务窗口，对于非公有制经济尤其是小微企业的创办也降低了门槛，很好地实现了创业带动就业的局面。可见，之所以要“支持”非公有制经济，就是因为非公有制经济的发展面临着时下的困难。

为什么要“引导”非公有制经济呢？原因有很多，比如，部分非公有制经济，如私营经济和外资经济存在着一定量的剥削，所以我们要做好“引导”；非公有制经济在方向把握上还存在着一定的盲目性，也需要我们做好“引导”等等。

综上所述，我们对于一个观点的解读，一定要以科研性的态度去对待，这样才能真正领悟到党和国家方针、政策的实质和精髓，也才能真正地实现对党和国家方针、政策、体制、机制的政治认同。

二、科学精神——创新思维，端正价值理念

科学精神是人们在长期的科学实践活动中形成的共同信念、价值标准和行为规范的总称。科学精神是指由科学性质所决定并贯穿于科学活动之中的基本精神状态和思维方式，是体现在科学知识中的思想或理念。科学精神的培养在高中阶段十分重要，并且贯穿于整个高中的思想政治课程之中，一方面，科学精神是思想政治课程中《哲学与文化》的重要教学目标，旨在帮助学生消除思维中的片面性与狭隘性，学会透过现象看本质，一分为二地看待问题、解决矛盾。另一方面，科学精神蕴含在高中思想政治学科的各个板块之中，其培育可以帮助学生放宽眼界，面向未来，因此必须将其融入思想政治学科核心素养之中，着重培养、大力推进，力求拓展学生思维水平、提升学生思维品质。

对于科学精神，我们可以做这样具体的理解：

首先，科学精神不是相对于人文精神而言的思维方式，而是相对于“非科学精神”而言的精神取向，强调的是“科学的世界观和方法论”，即坚持马克思主义的基本立场、观点和方法。按照这种理解科学精神，应该比通常所说的与人文精神相对而言的科学精神更上位，是从“思维具有科学性”的角度来说的。

其次，从培养目标来说，科学精神应该指向价值判断和行为选择。在政治学科能力结构中，价值判断和行为选择属于高阶思维能力，但其实现，则有赖于低阶思维能力的实现。为此，对于科学精神的培养目标，主要从以下几个方面来落实：思想根据、社会实践、人生意义、行为选择。从思想根据来说，基本的目标要求是“用马克思主义基本立场、观点和方法，观察事物、分析问题、解决矛盾”；从社会实践的角度来说，要求学生“解放思想、实事求是，对经济、政治、文化、社会和生态文明建设的实践，做出科学的解释、正确的判断和合理的选择”；从人生意义的角度来说，科学精神的培育目标是学生能够“感悟人生智慧，过有意义的生活”；从行为习惯的角度来说，对学生的要求是“以锐意进取的态度和负责任的行动促进社会和谐”。这几个方面，既有对内在根据的强调，也有对外在习惯的重视，既有具体生活的关切，也有高尚意义的探索，共同构成了我国公民科学精神的培育目标。

再次，从涉及范围来说，科学精神解决的是“个人成长、社会进步、国家发展和人类文明”的问题，而这个范围包括了个体从自我到他人、从具体的社会生活到抽象的国家与人类文明的全部范畴。按照这一理解，科学精神是一种具有普遍意义的“精神取向”，对学生成长的方方面面都有深刻的影响。

为了深入理解这一部分内容，课程标准分别从学科意义和育人价值两个方面对科学精神做了进一步深入的解读。

从学科意义的角度来看，科学精神的确定既是社会变革和实践创新的时代要求，也是实现创新发展的必经之路。课程标准明确提出：“当代中国正经历广泛而深刻的社会变革，正进行宏大而独特的实践创新。在这一社会变革和实践创新的过程中发扬科学精神，必须坚持辩证唯物主义和历史唯物主义基本观点，领会习近平新时代中国特色社会主义思想，认清社会发展规律和阶段性特征，解放思想、实事求是、与时俱进、求真务实，在全面深化改革的进程中，把握发展机遇，应

对各种挑战。”将我国实现创新发展的根本指导思想作为需要学生领会的基本要求，在思想方法上为学生理解社会、奉献社会提供了重要的思想基础。

从育人价值的角度来看，科学精神的实现对学生成长具有重要意义。从学生的个人成长来说，“培养青少年的科学精神，有助于他们形成正确价值取向和道德定力，提高辩证思维能力”；从国家和社会的发展需要来说，科学精神的培养可以使学生“立足基本国情、拓展国际视野，在实践创新中增长才干”。将二者联系起来，既关注学生完整生命个体的全面发展，又体现学生作为社会人和国家公民的责任担当，是科学精神的应有之义。

从落实的角度来看，作为思想政治学科核心素养的科学精神，在思想政治课教学的每个模块和环节都应该有所呈现。只有让学生进入思考的状态，他们的学习才有实际意义和丰富的生成。因而，科学精神应该有丰富多样的表现形式和具体样态，应该有体现学生思维张力的多样化表现和可能性。

我国公民的科学精神，就是在认识世界和改造世界的过程中表现出来的一种精神取向，即坚持马克思主义的科学世界观和方法论，能够对个人成长、社会进步、国家发展和人类文明做出正确的价值判断和行为选择。

当代中国正经历广泛而深刻的社会变革，正进行宏大而独特的实践创新。在这一社会变革和实践创新的过程中发扬科学精神，必须坚持辩证唯物主义和历史唯物主义基本观点，领会习近平新时代中国特色社会主义思想，认清社会发展规律和阶段性特征，解放思想、实事求是、与时俱进、求真务实，在全面深化改革的进程中，把握发展机遇，应对各种挑战。培养青少年的科学精神，有助于他们形成正确价值取向和道德定力，提高辩证思维能力，立足基本国情、拓展国际视野，在实践创新中增长才干。

新教材《中国特色社会主义》更体现了对科学精神的培养，它着眼于人类社会的发展历程，立足于中国特色社会主义的伟大实践，明确中国特色社会主义是科学社会主义理论逻辑与中国社会发展历史逻辑的辩证统一。中国特色社会主义已经进入新时代，帮助学生树立为共产主义远大理想和中国特色社会主义共同理想而奋斗的信念。新教材《哲学与文化》阐明马克思主义哲学是科学的世界观和方法论，讲述辩证唯物主义和历史唯物主义基本观点，坚持实践的观点、历史的观点、辩证的观点、发展的观点，在实践中认识真理、检验真理、发展真理；讲述社会生活及个人成长中价值判断、行为选择和文化自信的意义；为培育学生思想政治学科核心素养提供了很好的理论依据和素材。

科学精神培育是考验教师教学智慧的挑战性任务。在教学中充分落实科学精神，不仅需要教学技能方面的充分准备，还需要教师在教学策略方面充分发挥探究精神。

这里我们借鉴北京市丰台区丰台第三中学白杨老师在参加北京师范大学“政治学科能力提升系列项目”时所执教的“文化创新”一课，来具体分析科学精神教学实施的基本策略。

在教学设计形成的初备阶段，白老师的教学流程主要是：以水墨电影《小蝌蚪找妈妈》视频片段为导入，通过对

学生观看后的感受加以归纳和提升，引导学生体会到这部影片首次将中国的水墨画元素融入到动画片，体现了文化的创新，借此引出课题。接着展示中国动画的发展历程，通过问题探究："截至20世纪80年代，我国动画的辉煌发展给了你怎样的触动?"引导学生自主建构"文化发展的实质就在于文化创新""文化创新是文化发展的源泉和动力"等认识。进而设置"中国动画人为什么要不断地进行文化创新"的问题讨论，引导学生从重要性和必要性两个方面进行分析，以落实"文化创新是社会实践发展的必然要求""社会实践是文化创新的源泉和动力"。文化创新不仅推动了我国动画的发展，还将我国的优秀传统文化融入其中，"促进了民族文化的繁荣"。之后，通过20世纪90年代中后期至今中国动画的发展不尽如人意，让学生探究"如果你是当代动画人，你会通过哪些途径进行文化创新"?引导学生形成对教学内容的整体性认识。在这个过程中，帮助学生实现情感态度价值观的升华，提高社会责任感和使命感。接着，呈现优秀动画电影《大圣归来》的相关信息，引导学生感受当代动画人正通过实践，努力推动中国动画的发展。引导学生用发展的观点看问题，对中国动画的未来发展充满信心。

应该说这样的教学设计也是很好的，但经过专家团队的指导改进后，在最终的教学中，授课老师将教学流程调整为：在导入环节，播放动画电影《大圣归来》的视频片段，理解文化创新，导入课题。设置合作探究问题："这部电影是如何对待传统文化并加以创新的呢?"引导学生思考"如何对待传统文化?”和“如何继承传统文化?”帮助学生自主构建“正确对待传统文化”需要“取其精华，去其糟粕”(批判继承)和“推陈出新，革故鼎新”(在发展中继承)。自觉克服“守旧主义”“历史虚无主义”的错误倾向。从关于影片3D效果的一则影评，合作探究“这部电影是如何对待外来文化，并在文化交流、借鉴和融合中进行创新的?”带领学生分析出应当“面向世界，博采众长”，自觉克服“封闭主义”和“民族虚无主义”的错误倾向。接着带领学生回顾中国动画发展历程，从20世纪50年代到80年代，中国动画取得了一系列辉煌成就，合作探究问题“中国动画人为什么要不断地进行文化创新”?通过对学生探究结果的归纳和总结，引导学生理解“文化创新是文化发展的实质”“社会实践是文化创新的源泉和动力”。在这个过程中，针对20世纪70年代中国动画发展的“断层期”，探究原因，再次印证不能正确对待传统文化和外来文化的不良后果。最后，设置合作探究问题:“你有哪些创新的好点子吗?用你的创新的好点子来点燃我们吧!”引导学生运用所学知识，增强使命感和责任感，实现教学目标。

科学精神的培育，首先需要我们注重思维张力的设计。只有给学生“能有想法并愿意表达”的问题，才有可能实现科学精神的培育。对比这节课导入环节的前后改进，我们可以看到，在初备阶段，教师给学生的材料是单向的，缺少思维的张力，进而导致学生无话可说，他们从材料中得出的结论也只是对于教材相关内容的复述，而非自己

思考和呈现的结果。而在正讲阶段的导入中，“不一样”和“如何对待传统文化并加以创新”给学生留下了充分的讨论空间。学生可以结合自己的认识和体验，进行个性化的思考和表达。

科学精神的培育，还需要我们充分体现学习的逻辑。作为一位具有丰富教学经验的教师，白老师对本节课的教学逻辑具有比较娴熟的把握，但在初备教案中，这种娴熟反而制约了课堂。教师的步步推进，只是自己教学思路的展开，而忽视了学生学习的基本逻辑，使整节课的灌输色彩浓厚。尽管有形式上的讨论环节，其效果却大打折扣。而在正讲环节，先让学生形成基本认识，明确态度问题，通过历程推进，形成全面认识，进而启发学生实现“及于自身”的思考，较好地体现了学生的学习逻辑，对教学效果也有积极的促进作用。

科学精神的培育，要将正确的立场和科学的呈现方式结合起来。正确的立场是思想政治课不可推卸的使命，而只有以科学的呈现方式表现这种立场，才能真正说服学生。比如，上述白老师的课，在初备阶段，白老师基本是在说中国动画发展“好的方面”，即便提及“不好的方面”，重点也在于“你如何改变”。而在正讲阶段，通过历程推进，让学生了解中国动画发展的“好”与“不好”，并让学生分析原因。这样的呈现，让学生形成全面、理性的认识，在此基础上再从更为开放的意义上去落实使命感和责任感，便有了更为可信的认识基础。

一千个人眼中会有一千个哈姆雷特。科学精神的魅力，在于每位教师都能用自己的特有方式打开学生的思路、激发他们的思考，让那些灵气迸发的思想火花经过课堂的不断锤炼，最终变成头脑风暴，为学生的成人成才持续发挥促进作用。希望我们的探究能引出各位教师的思想“美玉”，让思想政治课堂远离死记硬背，变成充满思辨魅力和思想活力的课堂。

三、法治意识——严自律，有尊严

2014 年，中国共产党十八届四中全会通过了《中共中央关于全面推进依法治国若干重大问题的决定》，提出“将法治教育纳入国民教育体系，从青少年抓起，在中小学设立法治知识课程”的要求。为落实这一要求，提高法治教育的系统化、科学化水平，教育部、司法部、全国普法办于 2016 年 6 月 28 日联合印发了《青少年法治教育大纲》，明确提出“要高度重视青少年法治教育工作”。党的十九大进一步明确指出，“全面依法治国是国家治理的一场深刻革命，必须坚持厉行法治，推进科学立法、严格执法、公正司法、全民守法”。在此背景下，高中思想政治课程标准将法治意识确定为思想政治学科核心素养。深刻理解法治意识的价值和作用，对于将其从素养理念变成教学实践具有重要价值。笔者拟分析法治意识的基本内容及其表现，说明其水平划分及意义，并试图通过课例分析其教学实施的基本策略。

本次课程标准所明确的“我国公民的法治意识”，主要是“尊法学法守法用法，自觉参加社会主义法治国家建设”。这一表述，需要我们从三个方面理解：

首先，法治意识的核心内容，是对于法律的“尊学守用”。与之前的相关表述相比，“尊法”成为非常显著的要求。这里的“尊”，除了“心中有法”的意思，还包括“心中敬法”。从这个意义上说，培养法治意识更多地不是落实对法治教育具体法条的理解，而是聚焦“置法于何处”的法治信仰要求，强调“将法律作为最高权威”，因而，符合

学科核心素养的表现形式。

其次，培养学生法治意识需要聚焦“参加社会主义法治国家建设”。对于这一部分内容，我们要结合高中生的特征予以理解。高中生主要的公共参与是在校读书，他们如何实现“参加社会主义法治国家建设”？对此，课程标准有明确的说法，即“做社会主义法治的忠实崇尚者、自觉遵守者、坚定捍卫者”。所以，我们既要考虑法治意识的落地方式，又要充分考虑学生的“力所能及”。

再次，学生法治意识培育的关键在于“自觉”。目前很多教师在阐述对法治意识的理解时，更多侧重于“法”，试图从客观性角度说明法的适用性。而从课程标准我们可以看出，法治意识培育的主要着眼点应该是培养一种“自觉”意识。从这个意义上说，对于法治意识，必须既注重内容的培育，又重视思想意识的养成。

为深入理解这一部分内容，课程标准分别从学科意义和育人价值两个方面对法治意识进行深入解读。

从学科意义的角度来说，对于法治意识，要从国家需求和核心内容两方面理解。从国家需求角度来看，“建设社会主义法治国家，是推进国家治理体系和治理能力现代化的必然要求”。而从核心内容来看，法治意识主要体现全面依法治国的要求，即“必须坚持党的领导、人民当家作主、依法治国有机统一，坚持依法治国和以德治国相结合，实现科学立法、严格执法、公正司法、全民守法，在全社会树立法治意识”。这些内容构成了法治意识培育的内容维度和核心部分。

从育人价值角度来说，法治意识的培育对学生的成长具有重要意义，主要体现为从学生的个人生活到国家法治建设的扩展过程。增强青少年法治意识，有助于学生“在生活中依法行使权利、履行义务，严守道德底线，维护公平正义，做社会主义法治的忠实崇尚者、自觉遵守者、坚定捍卫者”。这个扩展过程，突出体现了法治意识的德育意义，强调了核心素养培育的德育性质，是落实思想政治课程育人属性的表现。

我国公民的法治意识，就是尊法、学法、守法、用法，自觉参加社会主义法治国家建设。

具体地说，法治意识指的是在法治社会中，公民自觉自律维护权利、履行义务的意识和态度，是所有公民都必备的核心素养。思想政治学科作为教化社会成员的基础课程，理应承担起法治意识核心素养的培养重任。一方面，高中思想政治学科教学过程中会有不少涉及到规则意识、法律意识的学习内容与素材，囊括了大量的课程资源与教育时机，教师应有意识地加以运用。另一方面，法治意识对人一生的行为举止都提供了明确的框架与规范，指导人们更好地生活与工作，更好地处理危机与困难，帮助学生形成自觉守法、用法的意识，为学生今后走入社会更好地保护自身权益、规范自身行为奠定法治意识的基础。

新教材《政治与法治》，以党的领导、人民当家做主、依法治国有机统一为主线，讲述党的领导是人民当家做主和依法治国的根本保证，人民当家做主是社会主义政治的本质特征，依法治国是党领导人民治理国家的基本方式，奠定学生政治立场与法治思维的基础，既体现了政治认同，也有效地落实了法治意识的核心素养。

下面以我上过的一堂公开课（片断）为例，谈一谈法治意识在课堂上的实施。

公民在法律面前一律平等的原则，是我国公民在参与政治生活时，必须遵循的基本原则之一。我国宪法规定："中华人民共和国公民在法律面前一律平等。"

对于这个观点，很多人，包括一线教师，甚至是广大学生都觉得再熟悉不过了，而且也很容易理解。但实际上这个看似很简单的观点其内涵还是非常丰富的。教师只有通过深度备课，挖掘潜在的内容，才能真正达到对知识的理解，进而达到对宪法或法律条文的理解，从而推动对这些宪法或法律条文的实施；我认为只有这样，才能提高广大公民公共参与热情，增强社会责任感，达到对国家的政治认同。

对于这个观点，教材的论述还是比较抽象的。如果教师不能进行科研性地备课，即便传授给学生，仍然是空洞的、抽象的，学生也不能深刻地理解。我们备课组在初备过程中，本着科学研究的精神，从一字一词入手，我们把这句话，拆分开了三个词，"平等"、"一律"、"在法律面前"，通过逐一理解这三个词来深度剖析的这个观点，取得了很好的效果。

首先，我们对"平等"一词进行科学研究，除了教材提供的表述外，我们更多的解释可以用在对该观点的深入理解中，也有助于学生对类似问题的解答。

第一，我们所讲的"平等"是"司法"的平等和"守法"的平等，即司法机关公正司法，执法机关能公正执法，全体公民能严格守法，把法律放在一个至高无上的位置上，依法办事；同时，又要深刻领会这种"平等"并不是"立法”方面的平等，也就是说，我们可以说“公民在法律面前一律平等”，但不可以说“公民在立法方面平等”。为什么会是这样呢？如果通俗易懂地讲，我国的立法机关是全国人民代表大会，全国人民代表大会是由全国人民代表组成的，而全国人民代表是由各级人民代表大会选举产生的，所以在某种程度上，可以说立法与“人民”有关，“人民”是一个政治概念，而我们现在所讲的是“公民”，它是一个法律概念，它们并不是一回事。

第二，我们所说的“平等”不是平均或均等。简单地说，不是每一个公民的所享有的权利和所履行的义务都一模一样、完全相同的。比如，在其它情况成立的情况下，18周岁以下的和18周岁以上的相比，18周岁以下的就没有选举权和被选举权；再比如，人大代表的权利和一般公民的权利就是不一样的。所以我们在理解“平等”时不要太疆化。

其次，我们再来看看“一律”这个词。“一律”在字典里的解释有两种，一个是“音律”，一个是“一定范围”，当然在这里，“一律”应该指“一定范围”，是指不论普通公民，还是国家高官；不论是国内从业者，还是外国经商者，只要在我国违反了中国的法律，都要依法受到惩罚。

最后，“在法律面前”这个词。有很多人认为，这个词还用解释吗？很好理解啊！便我认为这个词才是真正体现法治意识的词语，最终体现我们政治认同的关键。从通俗的角度来解释，“在法律面前”就不是“在法律背后”，而所谓的“在法律背后”就是我们的“现实”，就是我们所感受到的，

因此，有人往往就会说我们的法律要求平等啊，为什么现实却有不平等。所以我认为，这恰恰是让我们广大的公民要善于把现实生活中出现的一些不平等、不公正的事情诉诸于法律面前，这样都会实现平等。因此，这就要求我们每一个公民要有法律观念，要有法治意识，这样才能真正达到政治认同，落实好核心素养所要求的。

我们可以把法治意识培育的教学策略概括为以下三个方面：

首先，培育法治意识要基于学情、立足学生。只有克服学生与法治的“距离感”，才能增强法治意识培育的“亲切感”。例如，向宪法宣誓的新闻将国家公职人员的行为与学生的成长经历联系在一起，让学生的已有知识经验成为教学基础；法律案件分析选择也要尽可能做到与学生生活相关，能够引起学生共鸣，打好教学的情感基础，满足学生的成长需求。

其次，法治意识培育不仅是认识层面的提升，更是行为倾向的重视。法治意识培育做到知情意行统一，对于学生影响显著。例如，从讨论宪法宣誓的意义到感受宪法在我们身边，从感受宪法的作用到如何用行动向宪法宣誓，从知识理论探讨到情感态度升华一气呵成，具有润物无声的作用，让学生从被动遵守法律到主动捍卫宪法权威，能更好地实现教学目标。

第三，法治意识培育要突出德育意味，注重思维培养。例如，对于中国法治道路的历程回顾，引导学生感悟实践没有止境，事物发展都有其历史进程，今天的发展也是社会历史发展的必然。再比如在案件分析中，不着眼于具体法律条文的解读，而引导学生形成这样一种思维方式：作为非法律专业人士，我们很难了解每一部法律条款，但我们可以学好宪法，依据宪法来寻求法律保护。法治意识素养的培育是一种思维方式的培养、做事方式的培养，这就使法治意识的培育更着眼于学生未来的发展。

法治意识就在丰富的社会生活中，其培育的有效策略就在教师的积极探索中。社会主义法治国家的建设既需要宏大叙事的路线指引，也需要见微知著的认识提升。因此，我们应该为学生做好“引路者”和“导航员”，使其具备高水平的法治意识。

四、公共参与——有情怀，有担当

我国公民的公共参与，就是有序参与公共事务，勇于承担社会责任，积极行使人民当家做主的政治权利。

这一表述，需要我们从以下几个方面理解：

首先，公共参与表现为有序参与公共事务。有序参与公共事务，主要表现为在参与社会生活的过程中维护公共秩序，遵守公共规则。社会生活是复杂的，如何在参与公共事务的过程中做到自律，能否遵守社会公德的基本要求，并按照社会普遍接受和认可的方式参与社会生活，是高中生将来在社会中能否成为合格公民的关键。公共参与强调有序参与公共事务，就是要高中生通过对高中思想政治课的学习，充分理解将来要成为合格的社会成员，必须学会“以恰当的方式进入社会和参与社会”。

其次，公共参与体现为承担社会责任。社会责任与担当意识紧密关联，是学生奉献社会的表现形式。较之前述要点，对社会责任的承

担更加突出主动性和自觉性，强调学生通过课程学习愿意为社会发展和进步做出自己力所能及的贡献。高中生的主要任务是在校学习，但这不等于说他们就没有机会和能力为社会做奉献。具有集体主义精神，为班级和学校做些自己力所能及的事情；热心公益事业，在力所能及的范围内参与公益活动；践行公共道德，将道德要求主动转化为自己的行为习惯；乐于为人民服务，授人玫瑰，手有余香……这些都是学生可以做到的，是他们承担社会责任的主要方式。

再次，公共参与强调积极行使人民当家做主的权利。这里强调的公共参与，突出的是公民政治权利的正确行使和主动行使。作为国家公民和社会成员，积极主动地参与民主选举、民主协商、民主决策、民主管理和民主监督的实践活动，不做社会发展的旁观者，积极地以主人翁的态度，表达自己的观点，奉献自己的力量，积极促进社会主义民主政治的建设与发展，这是公共参与的核心要义。只有在这个意义上培育学生的公共参与素养，才能帮助学生在参与社会政治生活的过程中体验幸福感和责任感，在参与社会的过程中切实提高自身对话协商、沟通合作、表达诉求和解决问题的能力，为将来全面参与民主政治做好充分的准备。

为深入理解这一部分内容，2017 年新课标分别从学科意义和育人价值两个方面对公共参与的价值和意义进行了深入解读。

从学科意义方面可以分为两个角度：从公民个体权利行使的角度来说，“广泛的公共参与，彰显人民主体地位，是公民行使知情权、参与权、表达权、监督权的表现，有助于更好地表达民意、集中民智，提高国家立法和政府决策的科学性、民主性”；从一般的社会生活的角度来说，公共参与“有助于鼓励人们热心公益活动，激发社会活力，提高社会治理水平”。

从育人价值方面来说，公共参与的培育对于学生的成长，在以下几个方面具有重要影响：

（1）让学生理解民主政治，表现为有益于学生“了解民主管理的程序、体验民主决策的价值、感受民主监督的作用”；

（2）让学生具备公民意识，表现为“增强公德意识和参与能力”；

（3）落实于道德养成，表现为“追求更高的道德境界”。

这几个方面的相互作用和有机融合，就构成了正确价值观念、必备品格和关键能力的有机整体，成为学生未来发展的重要推动力和根本保障。

广泛的公共参与，彰显人民主体地位，是公民行使知情权、参与权、表达权、监督权的表现，有助于更好地表达民意、集中民智，提高国家立法和政府决策的科学性、民主性；有助于鼓励人们热心公益活动，激发社会活力，提高社会治理水平。培养青少年公共参与素养，有益于他们了解民主管理的程序、体验民主决策的价值、感受民主监督的作用，增强公德意识和参与能力，追求更高的道德境界。

公共参与，指的是公众在社会生活中通过一定正当的程序，积极行使公民权利、履行公民义务的能力，体现了公民广泛参与公共事务、自由表达意见建议、合理维护社会及自身利益的社会责任感与主人翁意识。把公共参与作为高中思想政治学科的核心素养，一方面是由思想政治学科的独特性质决定的。思想政治学科拥有着其他学科所不具备的公众参与教育资源。新教材《政治与法治》中就明确讲解了我国公民的权利与义务，对学生进行了相关知识的教育普及。另一方面，公共参与是学生实践与创新的必要内容，体现了新课标提出的“三分

之一社会活动学时”的新要求。因此，我们在组织高中思想政治公共参与核心素养培养时，应将学生的责任意识与参与能力作为实施培养的重要目标。新教材《经济与社会》中通过讲述和阐释，让广大同学认同我国的经济制度，进而提升在新时代参与社会主义现代化建设的能力。

公共参与的教学实施是一个难题，主要是因为这一素养具有显著的实践性，与社会实践的关联非常密切。但思想政治课教学是教学行为，其主要任务还要在课堂上完成。如何让学生在课堂上感受社会生活实践？这种实践如何通过教育实现提升？这些问题的解决，都离不开公共参与教学实施基本策略的探索。

下面是北京市日坛中学任会波老师在参加北京师范大学“政治学科能力提升系列项目”的教学改进课“民主管理：我为社区献一策”，很值得我们借鉴，仅以此案例来分析这一素养的培育策略。

在教师初备阶段，教学设计的流程主要是：课程导入环节，教师展示“学生绘制的居委会工作人员”这一漫画，由此提出“居委会的性质及其工作内容”等问题，引导学生通过展示学习成果和活动成果，形成对民主管理的认识。在此基础上，学生提出参与社区民主管理的方案，大家通过讨论，分析评价方案的优点和缺点。最后，给学生提出“怎样监督居委会的工作”的问题，通过引导学生说明社区民主监督的途径和方式，实现对知识内容的把握。

这是一节比较传统的课堂。表面上看，有了学生的绘画、展示和讨论，与具体知识点的对应基本落实，看起来比较完整；但这里的学生参与是“假参与”，学生生活也就是“假生活”，无法真正调动学生的思考，难以实现公共参与素养的培育。经过专家团队的指导改进，在正讲阶段，任老师将教学流程修改为：课程导入环节，学生分析展示自主完成的“关于社区居民自治的调查报告”材料，引导学生关注社区居民自治的基本情况，深切感知我国社区居民自治的现状以及问题。在此基础上，指导学生进行“关于社区公共空地应该如何使用”模拟民主决策活动，通过体验决策过程和论证选择方案，引导学生做出正确价值判断与价值选择，了解社区民主决策的程序、体验民主决策的价值。之后，通过“我为社区献一策”，引导学生根据自己关注的问题，形成改进社区管理的建议。最后，通过“写公益倡议书和设计公益微电影”，激发学生参与公益活动的热情，达到情感、态度、价值观的升华。

从本课例的教学改进我们可以看出，公共参与素养的培育，需要注意以下几个教学策略：

公共参与素养的培育应该以学生对社会生活的实际参与为前提。对比试讲和正讲可以看出，试讲中的学生参与并不是学生对社会生活的实际感受，很难引起学生的实际兴趣；正讲中的学生展示，是学生小组亲自走进社区采访而来的。正讲课把学生的实践活动作为切入点，进行社区自治调查、拍摄拆除违法建筑的照片、帮助居委会发布安全提示、给社区做板报等，这些实践形成的学习体验，给予了学生多样化

发展的机会，激发了学生的创新精神与能力。公共参与的前提是公民对公共事务和社情民意的真实、全面、深入了解。课堂模拟和建言献策，都是建立在社会实践的基础上。学生针对公共事务开展深入细致的调查，分析其背景、成因、意义或危害，提出合理建议，既了解了社会，又增强了公德意识、公益精神，切实提升了社会责任感。学生对社会大课堂的这种感受，是书本和教室给予不了的。需要说明的是，学生作为学习者，他们参与社会的能力和范围有很多限制。因此，在让学生实际参与社会生活的过程中，教师要做好功课，充分考虑和权衡各种因素的影响，尽量给学生提供一个安全、高效的氛围，既给学生明确的任务，又给学生充分的保障。在学生开展相关活动的过程中，教师要做好“幕后英雄”，在必要的时候给予学生必要的指导和帮助。

公共参与素养的培育主要以解决具体问题的方案设计为落实教学任务的基本点。这个策略在上述课例中主要表现在从试讲的泛化讨论到正讲解决方案设计。试讲的讨论问题指向不够明确具体，让学生泛泛而谈自己对于改进社区民主决策的设想，学生也就多停留在“空对空”的虚化建议上。而正讲的时候，教师提出的问题非常明确，学生的讨论和设计也就有了更多的针对性。正讲的模拟民主决策的情境素材，来源于《新京报》的一篇文章。这篇文章讲的是北京市通州区南仓小区发生的一件事情，居民代表召开会议来决定如何利用社区的一块空地。在与社区居委会的沟通过程中发现本社区也有类似情况，教师设计了“关于社区公共空地应该如何使用”的模拟民主决策活动。学生在模拟活动中各抒己见，有的学生认为要改造成绿地，有的学生认为应该建设共享单车停放点，还有的学生认为适合建便民商店等，大家在体验民主决策的过程中认识到了民主决策的意义和价值。以“社区民主决策”为背景支撑，通过不同观点和思想的讨论与选择，既培养了学生分析解决实际问题的能力以及创新精神，也培养了学生的竞争与合作意识，这是公共参与素养的重要构成。

公共参与素养的培育不仅要重视价值引导，促进情感共鸣。对比试讲和正讲，我们不难发现，二者在根本上的差异，就是对于价值引导和情感共鸣的重视程度不同。在试讲课上，学生是无关痛痒、可有可无的旁观者，只是在听一个与自己不相关的故事，无法深入参与。而在正讲环节，因为学生是过程的参与者和“决策的制定者”，他们的关注程度和投入程度也都大大提高。特别是在“我为社区献策”这一环节，学生主动发言，畅谈对社区养老问题、儿童安全问题的关注，以及最后的爱护社区环境倡议，都体现了情感态度价值观的深度参与。作为课堂教学的延伸，正讲班的谷一诺同学为光华里社区拍摄的公共参与主题微电影《爱我社区》，在朝阳区的微电影比赛中获得了优秀奖，更是受到同学和老师们的赞扬。相信这样的经历不仅对谷一诺同学是很大的激励，对所有参与课堂的同学来说都会是难忘的经历。

公共参与素养的培育要让学生看到社会现实，更要让学生全面认识社会发展的基本阶段。我们生活的世界并不只有

美好。我们的学生在进行社区调研的时候，也看到了很多与现代文明要求格格不入的东西。对于这些问题，我们不能忽视和回避。我们既要让学生看到我国社区居民的显著成就，也要客观地告诉他们我国社区居民自治中存在着一些问题，让学生明白，解决这些问题，需要大家增强公德意识和参与能力。在此基础上，引导学生增强使命感和责任感，从而在民主实践中逐步增强公共参与的责任意识。这样的努力，在正讲课上收到了显著的效果，这也正是培育公共参与素养的目的所在。

构成高中思想政治学科核心素养的四个要素相互依存、相互交融。其中，政治认同是核心素养中的核心要素，既奠定了学生理想信念的基础，又决定了学生成长发展的方向，是其余三项核心素养的共同标识。科学精神作为学生思维成熟的标志，是达成政治认同、形成法治意识、实现公共参与的基本条件。法治意识是公共参与的必要前提，没有法治意识就无法有效实现公共参与。公共参与则是法治意识的外显表现，是政治认同和科学精神所导致的必然行为。这四个方面在教学过程中组成有机的统一体共同发挥作用。

第二节　借力文化资源，传导主流意识形态

习近平总书记在2019年4月30日的纪念五四运动100周年大会上发表重要讲话时强调：“新时代中国青年的使命，就是坚持中国共产党的领导，同人民一道，为实现‘两个百年’目标、实现中华民族伟大复兴的中国梦而奋斗。”我国青年要完成使命，首先就要在意识形态领域坚定立场，坚持马克思主义、坚定共产主义信仰是青年完成使命的前提之一。

意识形态对我们党和国家乃至整个中华民族的生存发展至关重要。这里所提到的意识可以理解为价值观。价值观的重要性毋庸置疑，它是文化最深层的内核，是一个社会和一个人在生存发展过程中所遵从的精神标准，对社会进步和个人发展都起着重要的导向作用。特别是一个社会的主流价值观对整个社会的发展方向起到重大影响，是推动社会进步的精神动力。核心价值观是民族精神的灵魂，决定着一个国家或民族的价值追求、理想信念和道德规范。它体现了社会的价值理想，体现着社会中的每一个人对未来生活的美好憧憬，因而能够凝聚力量，动员群众，振奋起全民族的精气神儿，成为引领社会和人民的一面精神旗帜。

核心价值观对于高中生的成长就更加重要了，高中是一个人进步成长的关键时期，从某一个侧面分析也可以说是一个人成长的特殊时

期。这一段时期的青年人，视野上更加开阔，开始关注自身以外的事物，他们关心国家的发展和社会的进步，对社会中出现的问题特别敏感，对于社会各个方面所发出的不同声音感到困惑，甚至对于自己要成为怎样的人，要向着什么方向进步，都存在一定的迷茫，亟需价值观的引领。核心价值观引领着青年人绕过成长中的暗礁险滩，躲过不良诱惑及消极情绪的陷阱，走上正确的人生道路，使高中生真正从精神上成长成熟起来。

因此，教育部发布的 2017 版《普通高中思想政治课程标准》开篇第一句即强调“高中思想政治以立德树人为根本任务，以培育社会主义核心价值观为根本目的”，确立了高中思政课对高中学生传导主流意识形态的任务，《标准》还强调“逐步树立共产主义远大理想和中国特色社会主义共同理想，坚定中国特色社会主义道路自信、理论自信、制度自信、文化自信，基本形成正确的世界观、人生观、价值观。”

不同社会，同一社会的不同历史时期，核心价值观的内容是不同的。在当前社会，我国的核心价值观即社会主义核心价值观，它是当代中国精神的集中体现，凝结着全体中国人民共同的价值追求，决定着我国的价值追求、理想信念、道德规范，具有凝魂聚气、强基固本的重要意义。在我国，必须坚持马克思主义的指导地位，坚持把我国建设成为富强、民主、文明、和谐、美丽的社会主义现代化强国的共同理想，弘扬以爱国主义为核心的民族精神和以改革创新为核心的时代精神，坚持社会主义荣辱观。概括起来，就是必须坚持社会主义核心价值体系。倡导富强、民主、文明、和谐，倡导自由、平等、公正、法治，倡导爱国、敬业、诚信、友善，这是社会主义核心价值观的基本内容。这些也是高中思想政治课学习首先要明确的内容。

关于社会主义核心价值观，对其内容的介绍尽管只是教材的某一部分知识，但是，其思想和精神内核是贯穿于整个高中政治教学的。教材中对社会主义核心价值观的内容方面的表述是直观显性的，但是更多具体的主流意识观点以隐性的方式存在于各个具体知识点中，需要我们积极挖掘和通盘思考方能发现。例如，学习我国基本经济制度这部分知识，对学生而言不应该仅仅是经济理论的简单学习和理解，而是要在学习经济学原理的背后使学生领悟到我国为什么选择“公有制为主体，多种所有制经济共同发展”的基本经济制度，由生产力发展的必然要求到社会主义国家性质，再进一步联系到我国传统文化中对“小康”的追求，“大同世界”的渴望，最终增强对社会主义制度的认同，形成制度自信，这样才达到了始终引导学生在各种具体知识中领悟我们的核心价值观的效果。

因此，沿着高中思政课必修四个模块《中国特色社会主义》《经济与社会》《政治与法治》《哲学与文化》的课程结构，我们把应该让高中学生接受的主流意识具体化、目标化罗列如下：1. 坚持和发展中国特色社会主义，坚信中国特色社会主义是国家富强、民族振兴、人民幸福的根本保障；2. 坚定中国特色社会主义道路自信、理论自信、制度自信、文化自信；3. 树立共产主义远大理想和中国特色社会主义共同理想；4. 了解社会主义基本经济制度的优越性；5. 社会主义基本经济制度是社会主义市场经济的根基；6. 拥护中国共产党的领导，领会中国特色社会主义最本质的特征是中国共产党的领导，党是最高政治领导力量；7. 坚持马克思列宁主义、毛泽东思想、邓小平理论、“三个代表”重要思想、科学发展观、习近平新时代中国特色社会主义思想；8. 党的领导是人民当家做主的根本保证，人民当家做主是社会主义民

主政治的本质特征，依法治国是党领导人民治理国家的基本方式。坚持党的领导、人民当家做主和依法治国的有机统一；9. 明确我国人民代表大会制度、中国共产党领导的多党合作和政治协商制度、民族区域自治制度、基层群众自治制度等我国政治制度的优越性；10. 树立宪法法律至上、法律面前人人平等的法治理念；11. 坚持依法治国和以德治国相结合，在全社会树立法治意识；12. 坚持马克思主义的科学世界观和方法论；13. 坚持辩证唯物主义和历史唯物主义基本观点；14. 弘扬和践行社会主义核心价值观，明确社会主义核心价值观是公民最基本的价值标准；15. 具有集体主义精神；16. 认同中华人民共和国、中华民族、中华文化。

目标明确之后，关键看落实。如何让上述抽象的意识形态内容为学生所领悟、接受、认同，让知识真正落地，意义重大。思想需要载体，课堂需要激活，借助丰富的文化资源，通过真实的文化背景、相关事件和重要人物这些具体文化资源，可以让学生更好地理解相关内容，以文化濡染、熏陶学生，使其正确认识个人成长同民族文化以及国家命运之间的联系，提高文化认同感、民族自豪感以及建设社会主义现代化强国的责任感。这样，在引导学生对内容丰富底蕴深厚的中华文化进行解读和感悟过程中，真正做到让知识入心入脑，并最终使学生对马克思主义基本观点、社会主义核心价值观“内化于心，外化于行”。

一、打好文化底色，传承优秀传统文化

中华民族有着悠久的历史，中国人民在 5 000 年漫长的奋斗历程

中积累了丰厚的文化资源，创造出无比璀璨的中华文明。中华文明是人类历史上迄今为止唯一不曾中断的文明，中华文化不仅给予今天的中国人以文化滋养，还为解决21世纪的世界性问题，为世界的和平发展进步贡献着中国方案、中国智慧。在高中思政课上，青年学生学习本民族的优秀传统文化，了解中华民族的发展历程，深切体会中华文化的源远流长、博大精深以及包容性的鲜明特点，感受中华文化独特的品格与气韵，对于形成文化自觉和文化自信，坚定实现中华民族伟大复兴中国梦的信心有非常重要的作用。

中华文明绵延数千年，不仅创造出丰富多彩、不计其数的文化产品，更形成了属于中华民族的独特价值体系，形成中华民族特有的文化标识，成为中华民族的基因，深深地植根于中国人的精神世界，同时外化于中国人的思想方式和行为方式，深深影响着中国人的价值判断和价值选择。因此，社会主义核心价值观与中华优秀传统文化有着密不可分的重要联系，中华优秀传统文化是中华民族的精神命脉，是涵养社会主义核心价值观的重要源泉。提倡和弘扬社会主义核心价值观，必须从中国优秀传统文化中汲取营养，使得社会主义核心价值观更容易为广大人民群众所理解和接受，同时，深入挖掘中华优秀传统文化所蕴含的思想观念、人文精神和道德规范，必须要与时俱进，结合时代发展要求进行继承与创新，让中华文化展现出永久魅力和时代风采。

引导高中生对传统文化进行传承发展，是中华民族理想信念、道德品格、精神气质的薪火相传，是从源头上理解社会主义核心价值观。

1. **挖掘思想内涵，找寻人文精神**

当前，我国确立的社会目标、发展方向以及外交政策和世界发展愿景等内容，很多都是中华传统文化中的思想和精神的丰富和延伸，是对优秀传统文化的继承和创新。在讲授这些内容时，注意从优秀传统文化这个“根”上寻找依据，挖掘其思想内涵，找寻其精神本质，更好地帮助学生理解和感悟教材相关知识。

“小康”一词，最早见于《诗经·大雅·民劳》：“民亦劳止，汔可小康。”该句诗的意思是人民十分劳苦，苦够了，应该稍稍安康。诗句表达了先民对美好生活的强烈渴望。儒家把比大同社会低的一种社会称为小康社会，“小康”在《礼记·礼运》中有如下描述：“今大道既隐，天下为家。各亲其亲，各子其子，货力为己。大人世及以为礼，城郭沟池以为固。礼义以为纪，以正君臣，以笃父子，以睦兄弟，以和夫妇，以设制度，以立田里……是谓小康。”

党的十三大提出了“三步走”战略目标，到 20 世纪末，人民生活达到小康水平，这是第二步战略目标，我国已经顺利实现总体小康。在此基础上，国家把第三步战略目标又分成几个阶段，其中到 2020 年，我们的目标是全面建成小康社会。这是新时代对千百年来中国人民对美好生活期盼的一种回应。

中华文化崇尚和谐，中国“和”的思想源远流长，内涵丰富。中国人始终秉承着天人合一的宇宙观、协和万邦的国际观、和而不同的社会观、人心和善的道德观，这些观念至今对中国社会发展、国民相处以及国际关系的构建产生着深刻影响。今天，我国各民族形成了平等团结互助和谐的关系，我国提出了解决香港、澳门和台湾问题的“一国两制”伟大构想，我国坚持独立自主和平外交政策，提出“和谐社会”“和谐世界”的主张，强调构建“民族共同体”“亚洲命运共同体”“中非命运共同体”乃至“人类命运共同体”，其思想渊源就是崇尚和谐的传统文化。

在中国传统文化中，中国人的爱国之志令人感佩，家国情怀令人动容，数千年来给予亿万万中国人以鼓舞、力量和温暖。范仲淹在《岳阳楼记》中的“嗟夫！予尝求古仁人之心，或异二者之为，何哉？不以物喜，不以己悲，居庙堂之高则忧其民，处江湖之远则忧其君，是进亦忧，退亦忧。然则何时而乐耶？其必曰‘先天下之忧而忧，后天下之乐而乐’乎！噫！微斯人，吾谁与归？”这样的拳拳爱国之心，背后可以列出一长串的名字：屈原、文天祥、辛弃疾、陆游、岳飞、戚继光……

新中国的成立更是无数爱国志士以鲜血和生命延续着中国人的家国情怀、爱国之志的具体表现。近代中国救亡图存的历史是由一个个光辉的名字、一段段可歌可泣的为国献身的故事书写而成的。毛泽东、邓小平、周恩来放弃自身优越的生活，投身救国家和人民于水火的革命，直至带领人民建立新中国；鲁迅弃医从文，以如椽巨笔唤醒了多少蒙昧的国人；陈毅投笔从戎，从此戎马生涯最终成为开国元帅；刘胡

兰无惧铡刀，慷慨就义；杨靖宇肚里没有一粒米，却英勇战斗到最后一刻；夏明翰“砍头不要紧，只要主义真”……他们的心中，没有“小我”，舍小家为大家只为一腔爱国热忱，心中的那个爱国志、报国情。

今天，我们身处中国特色社会主义新时代，很幸运地赶上了好时代，不需无奈嗟叹，也不需流血牺牲，我们普通人只要在自己的岗位上兢兢业业地工作就可以实现爱国报国的梦想，为自己也为中国梦贡献力量。2019 年 5 月 1 日，我国评选出“大国工匠 2018 年度人物”，如为长征系列火箭“心脏”——发动机焊接的高凤林，带电作业的“高空舞者”王进，被称为“工人院士”动车焊接大师李万君等。这 10 位奋战在国家重大工程领域的大国工匠，都是普通人，大多数在普通的职业技术学校毕业，但是他们都有一个爱国心，都努力尽自己所能把自己的本职工作做到几乎完美，他们在自己的工作岗位上以精湛技艺、卓越匠心和默默坚守的精神向国人展示了我国现代产业工人“为国筑梦”的家国情怀。

古往今来，社会状况在变，社会性质也在变化，唯一不变的是中国人的爱国情怀，这就是看不见又最有力的精神气质。高中思政课可以把这种俯仰皆是的爱国故事、爱国人物分享给高中生，这些人物、事迹，以他们为原型的各种文艺作品会潜移默化地影响青年，慢慢地传递这种精神气质。

在中华传统文化中，像上述思想、精神还有太多，如义利观、君子之道等，教师在课堂上善于撷取其中适合高中学生的内容，结合当前社会情况，将传统文化中的优秀思想所蕴含的精神内涵和时代价值传递给学生，学生们在文化的熏陶中感悟、内化、生发再到认同和践行，这就是传导主流意识形态的重要途径。

2. 注重打牢根基，不忘创新使命

传统文化是文化发展的根基，文化要发展进步就必须继承传统文化，但是传统文化的作用究竟如何，还要看其是否顺应时代发展要求，适应时代发展，则传统文化就会促进和推动社会进步，而一旦不适应社会形势，传统文化则会成为社会进步发展的一种阻碍，成为“绊脚石”。因此，继承传统文化必须坚持创新。2014 年，习近平总书记在文化工作座谈会上指出，传承中华文化，绝不是简单复古，也不是盲目排外，而是古为今用、洋为中用，辩证取舍、推陈出新，摒弃消极因素，继承积极思想，“以古人之规矩，开自己之生面”，实现中华文化的创造性转化和创新性发展。2018 年习近平总书记在十九大报告中再次强调要“做好传统文化的创造性转化和创新性发展”。

中华文化本身的发展历程就很好地诠释了创新对文化发展的重要性。中华文化之所以历经沧桑而能薪火相传、一脉相承，非常重要的原因在于它具有海纳百川、有容乃大的包容性和与时俱进、不断进取的创新性。特别是今天，在新时代的社会背景下，要继承和发展中国特色社会主义文化，就要坚持以马克思主义为指导，坚守中华文化立场，立足当代中国现实，结合当今时代条件，不忘本来，吸收外来，面向未来，不断铸就中华文化新辉煌。

在高中思政课上，以优秀传统文化为根基去挖掘深藏于中华文化中的优秀思想，还要让这些思想为当前主流意识形态做注脚、做根基，就必须更加注意思想的转化和与时俱进，因为在中华文化几千年的发

展历程中，不变的是这些价值观的基本特征，例如前边中华传统文化中“和”的思想、“小康”的愿望、“爱国”的情怀，其具体内涵都会随着历史发展进步而变化发展。

以儒家思想为例。儒家思想是我国宝贵的精神财富，至今对我国社会各个方面都起着非常重要的影响，是学习中华优秀传统文化无法回避的经典理论，但是，在引导高中生继承和学习儒家思想时必须辩证地看待其具体的观点，既不能全盘照抄也不能生搬硬套，而是要结合时代发展需要进行甄别甚至批判。以《论语》中的观点为例，在论语第一篇《学而篇》中第十二“有子曰：‘礼之用，和为贵。先王之道，斯为美，小大由之，有所不行。知和而和，不以礼节之，亦不可行也。’”其中“和”的思想和“礼”的思想都是儒家思想中非常重要的内容，在今天仍然是我国社会的行为规范，在社会主义核心价值观中就有“和谐”这一点，而“明礼”也仍然是我们须坚持的价值观。我们今天提倡的“和谐”与“明礼”是对儒家思想的继承，其精神内核仍然是“以和为美”“和顺人心”，但是凡事“以礼节之方为和”的限制则不必再刻意遵守。今天我们提倡的“礼”也是一种美德、一种人与人和谐相处的美好品质，国与国交往的友好礼节，但不再具有等级观念、尊卑有别的思想。而儒家思想作为封建统治阶级的思想武器，在“礼”文化中有很多体现等级观念的内容，仍以《论语》为例，在《乡党篇》里，主要记述了孔子在朝廷上下礼仪进退方面的内容，如“入公门，

> 鞠躬如也，如不容。立不中门，行不履阈。过位，色勃如也，足躩如也，其言似不足者。摄齐升堂，鞠躬如也，屏气似不息者。出降一等，逞颜色，怡怡如也。没阶，趋进，翼如也。复其位，踧踖如也。”“执圭，鞠躬如也，如不胜。上如揖，下如授，勃如战色，足蹜蹜如有循。享礼，有容色。私觌，愉愉如也。”封建社会重视礼仪，把礼仪当作是区分不同阶级阶层的一种外显的标准，这是今天我们所摒弃的。在社会主义中国，人人平等，不同岗位的人只是分工不同，互相配合，协同努力为建设社会主义国家而奋斗，而不是身份和等级的不同。这就是今天的社会性质下对儒家思想的继承与发展。

这样的例子不胜枚举，爱国英雄岳飞的“精忠报国”思想里是包括“忠君”内容的，“君叫臣死，臣不得不死”在封建社会的爱国将军眼里也是一种“爱国”；在中国传统的“民本”思想中，“民为重，君为轻”的思想究其根本是为封建统治阶级维持社会稳定而服务的，尽管今天中国特色社会主义新时代所坚持的“以人民为中心”的思想发端于此，习近平总书记也曾引用古人之言“善为国者，爱民如父母之爱子，兄之爱弟，闻其饥寒为之哀，见其劳苦为之悲”，但是古时“善为国者”的爱民和今天共产党人的爱国其目的截然不同，这是在我们利用文化资源时必须予以区分的。如果不能很好地发展传统文化，那么传统文化中的思想糟粕就会沉渣泛起，贻害社会。因此，在借助优秀传统文化传导我国主流意识形态的过程中，特别要强调的就是必须批判继承，创新发展。

3. 遵循道德规范，锤炼品格修为

“国无德不兴，人无德不立”。要成才，必须先成人，对一个人的成长而言，德行是第一位的。今天，社会不断进步，交通的便利、通讯的发达使得世界越来越小，人们的视野越来越广阔，然而世界也更复杂更具诱惑力了，在面对复杂社会问题和人生选择时，能够让人经受住考验的是人的德行。因此，对于青少年品德的培养，国家尤其重视。习近平总书记在不同场合多次对我国青年提出提升道德修养方面的要求。在中国政法大学考察时，习近平总书记循循善诱：“广大青年人人都是一块玉，要时常用真善美来雕琢自己，不断培养高洁的操行和纯朴的情感”；在全国教育大会上，习近平总书记强调要“在加强品德修养上下功夫”；在 2019 年纪念五四运动 100 周年大会上他又特别指出：“青年要把正确的道德认知、自觉的道德养成、积极的道德实践紧密结合起来，不断修身立德，打牢道德根基，在人生道路上走得更正、走得更远。”

从哪里找寻道德资源，为青年发展灌注道德力量？首先就要从中华民族传统美德中汲取道德给养，引导学生追求向上向善向美的力量。中华民族创造出灿烂的文化，形成了代代相传的美德。中华传统美德是中华文化的精髓，蕴含着丰富的道德资源，熔铸了中华民族坚定的民族志向、高尚的民族品格和远大的民族理想，是世代相传的民族智慧，是建设富强民主文明和谐美丽的社会主义现代化强国的精神力量。

中华民族是一个非常重视道德养成的民族，在数千年的发展历程中不断积累、总结，形成了属于中华民族特有的道德情感、道德认知并总结为道德规范、道德评价，形成了比较完备的道德体系。如自强不息、无私奉献、敬业乐群、拾金不昧、乐善好施、见义勇为、孝老爱亲、和睦邻里等等，这些传统美德至今仍然是我国社会的重要道德规范。挖掘这些传承千百年，已经融入中国人日常生活、文化基因里的道德资源，对青年人的核心价值观培养具有非常重要的作用。丰富的中华传统美德资源让课堂变得更生动，意识形态变得更亲切。教师可以引导学生在传统文化中感悟这些价值观，“君子不食嗟来之食”，让学生体会到人格尊严的可贵；“富贵不能淫，贫贱不能移，威武不能屈”让学生感受到的是中国君子的高洁品格和铮铮傲骨；“老吾老以及人之老，幼吾幼以及人之幼”让学生感受到博爱、友善的做人准则；“言必信，行必果”是诚信的力量和承诺；“滴水之恩，当涌泉相报”提醒学生面对美好生活懂得感恩，感恩父母、感恩社会、感恩我们伟大的中国共产党。

今天，国家也在积极开展传承中华传统美德的各项活动，这些也成为高中思政课非常重要的道德资源合理力量。例如由中宣部、中央文明办、全国总工会等多部委联合组织评选的全国道德模范，每年中央广播电视总局开展的“年度感动中国人物”评选、全国各级各类机构进行的道德榜样、时代楷模、中国好人、各地乡贤的评选。这些榜样们贡献大，口碑好，事迹突出感人，能够将自己的榜样力量转化为亿万群众的生动实践，推动在全社会形成崇德向善、见贤思齐、德行天下的浓厚氛围。

例如，“60年深藏功名的战斗英雄”张富清，“为保护国家实验平台壮烈牺牲的军工人”黄群、宋月才、姜开斌，“为掩护战友身负重伤的扫雷英雄杜富国”，“正确处置极端

> 险情确保全机人员生命安全的英雄机长”刘传健，“几十年扎根雪域边陲为祖国守边的英雄姐妹”卓嘎、央宗等，他们用实际行动彰显了中华民族传统美德，也弘扬社会主义核心价值观，用他们的不懈奋斗“诠释中国精神、中国力量，事迹感人肺腑，精神催人奋进，充分彰显了中华民族昂扬向上的精神风貌，是社会主义思想道德建设的鲜活成果和社会文明进步的生动体现。”（人民日报 2019 年 6 月 25 日第 25917 期《第七届全国道德模范候选人开始公示》）。
>
> 2019 年，中共团中央发起“全国向上向善好青年”评选活动，评选出爱岗敬业、创新创业、勤学上进、扶贫助困、诚实守信、孝老爱亲等 6 类 120 人。这是针对青年人的评选活动，更能激发全国青少年努力学习榜样，不断提升自我道德素质。

高中思政课上引入这些资源，引导学生关注评选活动，无论从获奖人物本身的感人事迹中还是从社会对他们的高度评价中，都可以让高中生感受到力量和温暖，会不自主地靠近和追随这些道德楷模们，从而坚定了对社会主义核心价值观的认同。

4. 坚定文化自信，实现文化自强

当前，我国各种思想文化相互激荡，特别是一些外来思想文化对青少年造成了一定的影响力甚至冲击力，他们中的个别人一味崇尚外国的节日、宗教、星座和动漫作品等，相反对本国文化却因蒙昧无知而存在着一定的轻视。更有甚者，作为中国青年却沦为了“精日分子”

（在精神上把自己视为日本人）、“香蕉人”（即黄皮白心，除了黄皮肤外，思想完全西化）。本来，对外国优秀文化的欣赏是无可厚非的，我国始终尊重文化多样性，鼓励国民学习其他文化的优秀成果，但如果在对本民族文化无知的情况下做出了不恰当的比较和判断，在精神上脱离自己的祖国和民族，对于青年本身而言是非常可耻的事情，对国家而言是非常可悲的事情，对整个民族的发展与振兴而言，则是非常危险的事情。

如何应对这种情况，积极解决类似问题？当然是要用博大精深的中华文化吸引青年学生。个别青少年对中华文化的轻视，究其根源正是因为对本民族文化不了解所导致的。中华优秀传统文化内容丰富，我们有世界上最美的方块字，有讲仁爱、重民本、守诚信、崇正义、尚和合、求大同等核心思想，这些都是为解决世界问题提供中国方案的东方智慧，有浩如烟海的史书典籍，有风格鲜明的文学艺术，有包括四大发明在内的古代科技，为推动世界的进步发展做出巨大贡献。我们有民俗、宗教、中医文化、茶文化、酒文化、餐饮文化……具体的文化产品如天上的繁星一样数不清，这些文化是勤劳勇敢的中国人民在长期的共同生活、相互学习中，在共同建设祖国的过程中逐步积累形成的，值得每一个中国人骄傲。今天，在继承和发展中华优秀传统文化的基础上，在中国共产党的领导下，在中国人民革命、建设和改革的过程中，我们又创造出革命文化和社会主义先进文化。

在高中思政课上，教师应引导学生理解中华文化产生的历程、中华文化在世界上的地位、中华文化的独特魅力以及今天在中华文化的积极作用下我国社会主义社会的发展进步，让学生在了解的情况下认同，认同的基础上自信，只有对自身文化价值给予充分的认同和肯定，

对自身文化生命力有着坚定执着的信念，才能更好地传承、发展本民族文化。做一个自信自强的中国人，前提之一是对中华民族文化的自信。

坚定文化自信，事关国运兴衰、文化安全和民族精神的传承发展。只有具备了文化自信与文化自强，青年才会自觉践行社会主义核心价值观，融入我国主流意识形态。

二、厚植红色基因，培育革命理想信念

近代以来，中国共产党带领中国人民，经过艰苦卓绝的不懈斗争，推翻了帝国主义、封建主义和官僚资本主义三座大山，建立了新中国，谱写了一首首可歌可泣的历史篇章，也形成了中国特色的革命文化，成为我们宝贵的精神财富，成为中华民族的红色基因。今天，青年们重温中国人民近代以来的革命历程，深切感受革命先辈们的民族大义、革命情怀，学习革命文化相关理论，继承红色基因，对树立共产主义的理想信念，坚定中国特色社会主义制度自信、道路自信、理论自信、文化自信有着非常重要的意义。

1. 革命文化诠释理想信念

革命文化是中国共产党和中国人民在革命、建设和改革开放各个历史时期形成的精神追求、精神品格、精神力量，既传承了中华优秀传统文化，又引领和发展了社会主义先进文化，在中华文明历史长河中起到了传承、融合和发展创新的作用，是中华民族最为独特的精神标识，也是当前我们保持蓬勃朝气、昂扬锐气和浩然正气不可或缺的

精神养料。2019 年 5 月 20 日，习近平总书记在江西赣州考察时说："今天，在新长征路上，我们要战胜来自国内外各种重大风险挑战，夺取中国特色社会主义新胜利，依然要靠全党全国人民坚定的理想信念和坚强的革命意志。"理想信念与一个政党、一个国家的命运紧密相连，习近平总书记在中央红军长征集结出发地江西于都，深情勉励全党全国上下继续沿着革命先辈们开辟的道路走下去："只要理想信念在，党的事业一定会成功。"

革命需要流血、牺牲，那么，是什么让中国的仁人志士们坚定地踏上了这条需要流血和牺牲的革命道路呢？答案几乎是唯一的，那就是坚定的革命理想信念。

我国早期的马克思主义者，许多人自身本可以选择安逸的生活，个人也有着很好的发展前景，参加革命，反而要流血、要牺牲。李大钊同志是中国共产主义运动的先驱，对中国共产党的创建起到至关重要的作用。他率先在中国介绍、宣传和研究马克思主义。他把十月革命比作"世界革命的新纪元，人类觉醒的新纪元"，通过他的口和笔不断在当时的中国宣传马克思主义，他明确指明"中国将来只有实现社会主义才能兴盛起来"，在他的努力下，马克思主义在中国传播开来。中国共产党建立初期，他甚至要靠讲课和写作的费用维持党的正常运转。李大钊等革命先驱能够做出这样选择，解释只有一个，那就是共产主义信仰的力量。

曾任中国共产党总书记的瞿秋白同志，被捕后，以一副病弱之躯面对敌人，却是正气凛然，铁骨铮铮，在利诱和屠刀之间义无反顾地选择后者。人们不禁疑惑，一介文弱书

生，哪里来的惊天勇气和胆识，我们可以用瞿秋白就义时的举动来为他的选择做一个注解：刑前，瞿秋白同志高唱《国际歌》，从容地步行至刑场，盘腿席地而坐，高呼“中国共产党万岁”，令敌开枪，从容就义。这是何等的精神气概、何等的民族大义，答案就是他坚定的共产主义信仰。

这样的例子在中国共产党领导中国人民革命的伟大历程中举不胜举。

“弟准备牺牲，生是为中国，死是为中国，一切听之而已。”1935 年 3 月，奉命在苏区坚持斗争的赣南军区政治部主任刘伯坚，在被捕就义前给家人写信，从容安排后事。

“南国烽烟正十年，此头须向国门悬。后死诸君多努力，捷报飞来当纸钱。”这是人们非常熟悉的陈毅同志所作的一首诗，至今读来仍是荡气回肠、热血沸腾，就是因为诗句里所体现的坚定的爱国信念和伟大的共产主义情怀直击人心，任何时候都会引起强烈的共鸣。

青年学生每每读到关于革命先辈的英雄事迹，再看看今天先辈们用鲜血和生命为我们创造的美好生活，自然会感佩于心，理想和信念的种子就在对先烈事迹和思想的学习认识中潜移默化地种在了心中。

2. 红色基因锻造红色品格

革命先辈们以鲜血和生命为我们赢得了宝贵的和平时光，大多数情况下，我们不再需要流血牺牲，但是，中国特色社会主义新时代的发展建设，仍然离不开革命精神，需要我们对革命文化进行继承，以红色基因锻造红色品格。

什么是红色品格？红色品格应该是坚定地信仰马克思主义，胸怀坚定的共产主义理想，坚定地跟着中国共产党，坚定地践行中国特色社会主义核心价值观。正如我国 9 000 万党员在鲜红的党旗下面许下的庄严承诺："我志愿加入中国共产党，拥护党的纲领，遵守党的章程，履行党员义务，执行党的决定，严守党的纪律，保守党的秘密，对党忠诚，积极工作，为共产主义奋斗终身，随时准备为党和人民牺牲一切，永不叛党。"真正践行在党旗前的承诺，就是具有红色品格的体现。一代代人的精神成长是前后接续的，品格不可能与生俱来，而必须通过后天的塑造和培养，每一位共产党员也不是在党旗下宣誓的那一刻即拥有了可贵的红色品格，而是长期打磨锤炼的结果。因此，作为党的事业的助手和接班人，中国共青团员和少先队员必须接受红色熏陶，在不断的学习、感悟和实践中逐步形成红色品格。革命文化，对青年而言，就是锻造红色品格最好的养料。英雄们的革命理想信念，就是锻造红色品格最好的补给。

95 岁老党员张富清曾在解放战争中荣立军一等功一次，师一等功一次、二等功一次，团三等功一次，被授予"战斗英雄"、"人民功臣"的光荣称号。然而，老英雄却深藏功与名，解放后响应组织号召，到最艰苦的湖北偏远地区恩施来凤县支援，一干就是一辈子，提起当年的英勇事迹，那样的赫赫战功，那样惊心动魄、九死一生的故事，只化作轻描淡

写的一句话“我入党时宣过誓，为党为人民我可以牺牲一切。”问起他为什么会那样勇敢，他又是简单回答“有了坚定的信念，就不怕死……我情愿牺牲，为全国的劳苦人民，为建立新中国牺牲，光荣，死也值得。”这种简单的回答里恰恰蕴含了最深刻的道理、最坚定的信念——一旦信仰坚定了，一切选择都将变得异常简单。张富清老人以他的实际行动诠释了一名共产党员的“初心本色”，即“作为一名共产党员，为人民的幸福和国家的富强，只讲牺牲，只讲奉献”。这样的英雄身上所彰显的革命意志，所发出的振聋发聩的声音，对青年的震撼力，比之简单的说教，“一句等于一百句”。

2019年《人民日报》特别推出“为了民族复兴·英雄烈士谱”栏目，介绍为国捐躯的英雄烈士，以此纪念和发扬他们的革命精神，在他们牺牲了半个多世纪之后，他们的名字仍然闪耀，精神依然鼓舞着今天的中国人民。逝去的是肉体，精神却在一代代中国青年的继承传扬中永生不灭。他们中的每一位英雄人物的事迹都感人至深。仅以《人民日报》2019年5月14日介绍的先烈为例，感受烈士们的红色能量。秘密打入重庆国民党军统局的地下党张露萍同志，在敌人最森严、最机密的特务首脑机关里，构建了党的“红色电台”，为党提供了许多重要情报，被杀害时年仅24岁，被誉为“党的好女儿，永不凋零的巾帼玫瑰”；在各地组织农民运动，积极开展工人斗争，七次被捕入狱仍不改革命理想，最终为革命献身的乔国桢；在抗日战争中参加战斗40余次，完成 20 余次爆破任务，炸死日伪军 500 余人的爆破英雄马立训，在战斗任务中不幸牺牲时，年仅 25 岁；王麓水牺牲前任山东军区第 8 师师长兼政治委员，在指挥作战时身负重伤英勇牺牲，年仅 32 岁，他的信念是“只有今天为国家民族事业去努力，才能享受未来的幸福”；新四军高级指挥员韦一平，在掩护兄弟部队渡江时轮船倾覆，他坚决不肯独自离船，而是指挥部队泅渡上岸，最后光荣殉职。

这些英雄烈士身上都有一个共性特征，即对祖国的爱，对共产主义事业坚定的信心，他们传递的精神和信念必将对青年的精神世界产生巨大影响，为其红色品格的锻造做出贡献。

三、奏响时代强音，弘扬伟大民族精神

伟大的中华民族精神是中华文化的精髓，是中华民族生存发展的精神纽带，也是各民族人民进行社会主义现代化建设的精神动力和精神支柱。在中华民族发展进步的过程中形成的伟大创造精神、伟大奋斗精神、伟大团结精神和伟大梦想精神，激励和鼓舞着一代又一代中国人前进。在中华民族遭受外来侵略生死存亡的危机时刻，是中华民族精神鼓舞和感召中国人民不怕牺牲、浴血奋战，最终赶走了侵略者；在中华民族经济发展和社会进步遇到干扰和阻力时，是中华民族精神适时凝聚人心、凝聚共识，全体中国人民齐心协力度过难关；在中华民族面对巨大自然灾害时，是伟大的民族精神使全国各族人民瞬间熔为铁板一块，举全国之力做好救灾和灾后重建工程。将伟大的中华民

族精神加入高中思政课，可以激励高中生树立远大理想，勇于砥砺奋斗，担当时代使命，努力成为走在时代前列的奋进者、开拓者、奉献者。

1. 高扬爱国主义旗帜

习近平总书记在参加北京大学师生座谈会时指出："爱国，是人世间最深层、最持久的情感，是一个人立德之源、立功之本"。

在纪念五四运动100周年时习近平总书记强调："爱国主义始终是中华民族的民族心、民族魂，是中华民族复兴之路上的精神支柱，是推动中国发展进步的重要历史动因。"（中国教育报评论员文章，2019年5月1日，《新时代中国青年要发扬五四精神》）

爱国主义是中华民族伟大民族精神的核心，是中华民族生存与发展的强大精神动力和精神支柱，弘扬中华民族精神，必须高扬爱国主义旗帜，向学生传导主流社会意识形态，首先要树立学生的爱国意识。爱国，是世间大爱，习主席说要"教育学生成为有大爱大德大情怀的人"，首先就应该从教育学生爱国做起。

我国灿烂的5000年文明史也是中华各族人民写就的爱国诗篇，没有对伟大祖国深沉执着的爱，就没有各族人民的共同努力、艰苦奋斗，也就没有今天的中国特色社会主义新时代。中华文明历经磨难，在华夏历史上曾经数次遭受外敌入侵，却仍然屹立不倒，国内战乱频仍、几度分裂割据却从未影响中华民族团结统一的大势，那是因为爱国主义已经深入中国人的血脉与骨髓。

近代以来，中华民族更是经历了前所未有的磨难和考验，经历了前所未有的屈辱与挑战，曾一度陷入亡国灭种的危难境地，然而，也正是这样的大考验才体现出了中国人的大情怀，使得中国近代百年屈辱史也成为了中国人救亡图存奋发有为的爱国斗争史。

几乎每一个具体民族精神背后都蕴藏着深厚的爱国主义情感，高扬着爱国主义的精神旗帜。

五四运动所孕育的五四精神是爱国主义精神的最好体现，对此习近平主席做了非常深刻的阐释。2019 年 4 月 30 日，我国隆重召开纪念五四运动 100 周年大会，习近平主席发表重要讲话，他表示："五四运动爆发于民族危难之际，是一场以先进青年知识分子为先锋、广大人民群众参加的彻底反帝反封建的伟大爱国革命运动，是一场中国人民为拯救民族危亡、捍卫民族尊严、凝聚民族力量而掀起的伟大社会革命运动，是一场传播新思想新文化新知识的伟大思想启蒙运动和新文化运动，以磅礴之力鼓动了中国人民和中华民族实现民族复兴的志向和信心。"

"五四运动以全民族的力量高举起爱国主义的伟大旗帜。五四运动孕育了以爱国、进步、民主、科学为主要内容的伟大五四精神，其核心是爱国主义精神。爱国主义是我们民族精神的核心，是中华民族团结奋斗、自强不息的精神纽带。五四运动时，面对国家和民族生死存亡，一批爱国青年挺身而出，全国民众奋起抗争，誓言'国土不可断送，人民不可低头'，奏响了浩气长存的爱国主义壮歌。"

“历史深刻表明，爱国主义自古以来就流淌在中华民族血脉之中，去不掉，打不破，灭不了，是中国人民和中华民族维护民族独立和民族尊严的伟大精神动力，只要高举爱国主义的伟大旗帜，中国人民和中华民族就能在改造中国、改造世界的拼搏中迸发排山倒海的历史伟力!”

习近平主席的讲话全面概括了五四精神。从对五四运动那段历史的回顾中以及对五四精神的学习和理解中，学生们会思考：究竟谁才能救中国？中国需要怎样的社会制度？对比五四运动时的中国社会情况与今天中国的发展，青年学生可以深切感受到中国特色社会主义对中国发展的重要性，感受到中国共产党对国家富强、民族振兴、人民幸福不可或缺的作用，从而坚定信心。“从 1919 年到 2019 年，这是改天换地、波澜壮阔的 100 年，中华民族从站起来、富起来到强起来的伟大飞跃深刻昭示：只有社会主义才能救中国，只有中国特色社会主义才能发展中国，只有在中国共产党的领导下，才能实现中华民族伟大复兴。”（半月谈，2019 年第 9 期《新时代，我们怎样发扬五四精神》，作者：半月谈记者）同时，学生们也会在对五四运动历程的体会中认识到青年自身的作用，增强青年为国家发展、民族振兴努力奋斗的责任感和使命感，增强奋斗的力量，形成追求真理、追求进步的行动自觉。传承和弘扬五四精神，最根本的就是要把热爱祖国同热爱中国共产党、爱社会主义统一在一起，把爱国之情化为报效祖国的实际行动。爱国成为心中最坚定的信念，在未来的学习和工作中具体投射在爱祖国、爱人民、爱社会主义、爱中国共产党的行动之中。

2. 诠释伟大民族精神

民族精神是民族的“魂”。一个民族要生存和发展，就要有昂扬向上的民族精神。一个民族如果没有振奋的民族精神，就没有坚定的民族志向和理想，就会失去凝聚力和生命力，就难以屹立于世界民族之林。

中华民族精神是中华民族之魂，是中华民族生生不息、发展壮大的强大精神支柱，是维系我国各族人民世世代代团结奋斗的精神纽带，是激励中华儿女实现伟大复兴的中国梦而奋斗的不竭精神动力。

在中华民族 5 000 多年的发展历程中，逐渐形成了以爱国主义为核心的团结统一、爱好和平、勤劳勇敢、自强不息的伟大民族精神。中国人民是具有伟大创造精神的人民，具有伟大奋斗精神的人民，具有伟大团结精神的人民，具有伟大梦想精神的人民。精神之火生生不息，这些伟大民族精神穿越时空、历久弥坚，并在一代代中国人民的拼搏历程中不断增添新的内容，成为中华民族最宝贵的精神财富，今天仍然指引着中国人民更有定力、更有智慧、更有自信、更有目标地为改造中国、改造世界而努力奋斗。

中华民族精神在不同的历史时期有着不同的表现，并随着时代进步而不断丰富和发展。特别是中国共产党成立之后，进一步丰富和发展了中华民族精神。中国共产党领导人民进行新民主主义革命，在此斗争历程中产生了红船精神、井冈山精神、长征精神、抗战精神、延安精神、西柏坡精神等；在党领导人民进行的社会主义建设过程中孕育出了雷锋精神、大庆精神、“两弹一星”精神等；在改革开放的历程中形成了抗洪精神、抗震救灾精神、抗非典精神、女排精神、载人航

天精神等。这些带有先进性和鲜明的时代性的民族精神极大地丰富和发展了中华民族精神，是中华民族精神的重要组成部分，也是对中华民族精神时代价值的体现和诠释。

核心价值观是民族精神的灵魂，决定着一个国家和民族的价值追求、理想信念和道德规范。社会主义核心价值观是当代中国精神的集中体现，凝结着全体人民的共同精神追求。伟大民族精神孕育和彰显着社会主义核心价值观。

在高中思政课上，以伟大民族精神为资源，挖掘其中的精神本质和思想理念，进行主流意识形态的引领和社会主义核心价值观的弘扬，是一个传导主流意识形态的重要途径。

女排精神是学生们所熟知的，中国女排是在世界体坛上不断创造辉煌和奇迹的一支队伍。20 世纪 80 年代，中国女排就创造了“五连冠”的辉煌战绩，在 2016 年的里约奥运会上，女排姑娘们凭借着顽强拼搏的作风和永不服输的精神以及为国争光的信念，硬是在强手如林又开局不顺的情况下逆袭成为奥运会冠军。通过对女排精神的学习和解读，学生们不难感悟到中国女排的高昂斗志、顽强作风和精益求精的态度诠释出的“无私奉献，团结协作，艰苦创业，自强不息”的价值观念。

在“100 位为新中国成立做出突出贡献的英雄模范人物和 100 位新中国成立以来感动中国人物”的名单上，我们看到许多熟悉的名字：留下《可爱的中国》动人篇章的方志敏、狼牙山五壮士、舍身炸碉堡的董存瑞、“生的伟大，死的光荣”的刘胡兰、“拼命也要拿下大油田”的铁人王进喜、县委书记的好榜样焦裕禄、人民的好干部孔繁森……我们从一个个名字上感受到的是他们敬业、爱国、无私奉献、危难时刻挺身而出、舍生忘死、任劳任怨的精神和价值观。从他们的行为中，我们看到的是中国人民共同的价值追求，是坚持和发展中国特色社会主义所需的优秀品质，也是实现中华民族伟大复兴的价值引领。

文化是一个国家、一个民族的灵魂。文化自信是一个国家、一个民族发展中最基本、最深沉、最持久的力量。坚定文化自信，推动文化繁荣兴盛，并从文化资源中寻找理论依据，寻找力量源泉，让优秀传统文化、革命文化、社会主义先进文化滋养核心价值观，并通过具体的文化资源在高中思政课上宣讲、传导好主流意识形态，使社会主义核心价值观深入学生内心，最终让具有强大凝聚力和引领力的社会主义意识形态在青年学生心中生根发芽，使全体人民在理想信念、价值理念、道德观念上紧紧团结在一起。

第三章

在有意义和有意思中玩转课堂

习近平总书记指出，推动思想政治理论课改革创新，要不断增强思政课的思想性、理论性和亲和力、针对性。面对当前网络社会化、信息多元化、思潮多样化所带来的新生态、新情境，思政教师必须研究怎样把思政课上得既有意义又有意思。

吉林大学博士生导师孙正聿教授在西安电子科技大学的演讲时指出，“做一件事情、讲一门课程、搞一门学问，最重要的是你不要先问它有什么‘意义’，而是有没有‘意思’”。高中思政课教师也同样必须思考这样的问题，我们要想上好这门课，首先必须让学生觉得我们这门课有“意思”，对我们的课感兴趣，如果学生觉得你的课没“意思”“假大空”，根本不想去学，那我们怎么能把它上得有“意义”呢？因此，处理好有“意思”和有“意义”之间的关系，是我们上好思想政治课的关键。

第一节 努力打造学生想听爱学的“热门课”

思政课是一门有意义的课程。长期以来，在人们的固化印象中，学校思政课教学效果备受诟病，不仅学生吐槽思政课内容无趣无味脱离实践，教学手段直来直去没有新意，上课昏昏欲睡无精打采，就连思政课教师职业认同感也比较低，致使思政课实效性不高、境地尴尬。只有让有意义的思政课讲得有意思，才能让思政课更有意义。

以培育学科核心素养为导向打造活动型学科课程是2017版《普通高中思想政治课程标准》最具创新意义的亮点。活动型学科课程表现为“学科课程采取包括社会活动在内的活动设计，即课程内容活动化；或者说学科内容的课程方式就是一系列活动设计的系统安排，即活动设计内容化”。思政课教师普遍认同课程标准中提出的有关“活动型学科课程”“辨析式学习过程”“案例式综合性教学”“系列化社会实践活动”的课程教学与评价建议。但开展议题式教学和活动型学科课程的教学，对思政课教师来说也是一项不小的挑战，困扰于到底如何来做、如何落实才能努力破解这门“最难讲的课”，将思政课打造成学生想听

爱学的“热门课”，使学生学科核心素养的培育真正到位。

一、“活化”课堂，增强教学趣味性

趣味性，源于西方新闻界，是新闻价值要素之一，是指新闻事实及其表现方法充满吸引受众的情趣和人情味的特质。延展开来，趣味性就是某件事或者物的内容能使人感到愉快，能引起兴趣的特性。孔子云：知之者不如好之者，好之者不如乐之者。朱熹感慨：教人未见意趣，必不乐学。梁启超认为：趣味是生活的原动力，趣味丧失，生活便成为无意义。诺贝尔奖获得者杨振宁教授也说过：“成功真正的秘诀是兴趣，兴趣是学习的先导，是人们探索知识的最好的老师，对学习有了浓厚兴趣，遇到挫折困难才能顽强攻克、百折不挠”。富有趣味性的思政课可以激发学生兴趣，进行自主学习、主动探究，增强学习动力；可以引导学生有效梳理知识内容、选择学习方法、明确学习方向，增强学习效度；可以激励学生克服困难、冲破障碍、锻炼恒心，增强学习毅力。

那么，如何增强思政课教学的趣味性呢？就是要通过一系列教学方法和手段“活化”课堂，激发学生好奇心、挑战性和参与感，使学生“动”起来，只有学生“动”起来，课堂才能“活”起来。

“活化”课堂，增强教学趣味性应遵循以下几点原则：首先是趣味性、科学性和思想性的有机统一。思政课不同于一般的学科课程，它是做人的思想工作的，要在打动人心上下功夫。增强思政课教学趣味性不是一味迎合学生，迎合少部分人的庸俗兴趣，寻求课堂气氛和呈现方式上的新鲜和刺激，而是提倡健康趣味，提供有科学性的内容、思想性的活动，发挥趣味性本身所具有的陶冶情操、涵养道德的多方面作用来增强思政课的吸引力和感染力，真正实现把有意义的课程讲得有意思，把有意思的课程上得更有意义，让学生们在接受知识的同时又乐在其中。其次是教学设计与实施强调以学习者为中心。新时代的高中生生活在一个信息、知识、资源触手可及、复杂多变的世界，他们好奇心盛、思维活跃、知识面广，传统教学教师的“口水课堂”难以提起他们的兴致和学习获得感；新课程标准针对高中学生思想活动和行为方式多样性和可塑性，主张思政课要在开放、民主、平等的课堂氛围中进行，新课标见之于“活动型”的教学设计，力求让学生主动体验探究过程、获得社会实践经历，学生只有真正成为课堂学习的主人，才能真诚地、积极主动地思考、表达、解释，才能唤醒“昏睡”已久的政治课，让思政课从教师做孤独的“朗读者”变成师生互动的“我们的课”。

“活化”课堂，增强教学趣味性应采取以下几点措施。

一是创新话语体系，增强思政课亲切感。习近平总书记在2016年全国高校思想政治工作会议上指出，“要用好课堂教学这个主渠道，思想政治理论课要坚持在改进中加强，提升思想政治教育亲和力和针对性，满足学生成长发展需求和期待。”要打造既有温度又有高度的课堂，思政教师讲课要引人入胜，境界高、接地气、有真情、不说教，擅长用学生的语言和方式讲“道理”。

新时代的思政课要把“有意义”讲得“有意思”，需要有一批批新时代“有意思”的思政课教师。马克思说得好，“理论只要说服人，就能掌握群众；而理论只要彻底，就能说服人。”观摩、倾听、学习新时代“有意思”的思政课教师的课堂教学，对于我们讲好思政课、讲新

思政课有十分重要的借鉴意义。

南京航空航天大学的徐川，有人评价他的报告好在有真情、有真心、有真知、有真招，他以自己的亲身经历，用简洁利落、坦诚真实、通俗易懂、风趣幽默的话语，将对信仰的认知娓娓道来，用故事讲故事，将枯燥的理论也变得生动活泼，他将信仰根植在同学们的心中。

复旦大学的陈果，妙语连珠、娓娓道来是她的教学特点。有人说她的演讲内容没有晦涩难懂的部分，每一句话都能引起人的思考，她的声音就像沙漠中的指南针，能够给人迷茫的思绪一个明确的指引方向，让人有醍醐灌顶般的清醒。

清华大学的李蕉，学生评价她的课是一门响当当的“硬”课；被她独特的讲课风格惊艳；开始觉得原来深刻和有趣、理性和情怀是可以并存的；上完她的课，意犹未尽者有之，豁然开朗者有之，恋恋不舍者有之，好评如潮更有之。

他们都是80后教师，他们的思政课都是学生真心喜爱，争相选课，百听不厌的课。他们的话语体系，没有照本宣科的官话套话、空洞说教，一枝一叶无不源于青春成长的现实问题，时时观照青年学子的心路历程，化解象牙塔里的种种不和谐。他们的语言是生动的，故事是真实的，表达是自然的，情感是真挚的。这样的“有意思”、“有意义”的思政课，学生没理由不喜欢。

二是设计新意导入，加强思政课新鲜感。上课铃响学生陆续进入教室，有人在说笑，有人在睡觉，有人在发呆……总之一句话，人虽到了课堂但心还没到，我们需要学生快速从纷杂的思绪中尽快转移到上课的节奏里。这就需要特别地花心思做设计，引起学生注意，激发学生兴趣。

“引起注意”环节就在开课的导课中，设计新意导入不是追求新的导入方法，而是把握常用方法的运用技巧，贴近学生需要、贴近实际生活、激起情感共鸣。“引起注意”有N多方法，如一段富有冲击力、与教学内容和设计主题高度匹配的热门视频，很容易聚拢视线、引起共鸣；一个有足够热度、关注度、震撼度、话题性的事件，很容易激起学生的参与意识，从而特别关注后边的学习内容；一个讲得绘声绘色、注意关键细节描述和情感带入，引人深思又打动人心的“原创故事”，往往最具吸引力、感染力、影响力。

在讲授高中必修一教材《经济生活》“贯彻发展新理念，建设现代化经济体系”这一框时，结合学生对不断发酵升级、坏消息接踵而至的“华为事件”的普遍关注，深度解读美国外围围堵针对华为的行为，分析其原因、揭露其恶行，将爱国情怀和自主创新精神有机渗透其中。

在讲授高中必修二教材《政治生活》时，以系列性地节选超高人气、展示反腐高压下中国政治和官场生态的大剧《人民的名义》的视频片段，引起学生注意，活跃课堂气氛，激活学生思维。教学中，围绕该剧“人民的名义”这一主题

词和反腐倡廉这一主线，引导学生思考、探究、讨论、解答“党和国家机关的工作人员为什么要以人民的名义?”“网虫郑胜利式的人物对公民有怎样启示?”“怎样防止孙连成式的‘懒政’‘怠政’?”“检察官的工作职责是什么?”“党为什么坚决反腐倡廉?”等。

通过新意导入，在对学生产生强大吸引力的同时落实学科知识、培养学科素养、实现教育效果。

三是创设合适情境，加强思政课代入感。知识、理论往往是枯燥无味的，干巴巴地讲授不仅激不起学生的兴趣，还会让他们深感烦闷、厌恶学习。清华大学艾四林教授座客北京电视台新闻频道畅谈如何让青少年爱上思政课时指出，“年轻人学知识，有自己的独特方式，思政课内容上一定要有针对性，形式上一定要新颖、要有亲和力。”这就需要思政课教师要精心选择或努力创设一个可操作的、趣味化的学习情境，加强思政课的代入感。让学生在其中扮演合适的角色，在真实可感的情境中主动探索，不仅可以缩短学生与现实之间的距离，比较容易激发学生的学习兴趣和情感，使学生的思维动起来，增进对新知识的理解，并将其融入原有的认知结构，提高学习效率，还可以使学生通过感受学习的新形式，体验学习的新境界，提升学科核心素养。

新修订的普通高中思想政治课程标准选择性必修课模块Ⅰ《当代国际政治与经济》内容标准中，在“国际组织”部分需要学生“阐释联合国宪章倡导的国际关系基本准则，评析联合国在国际事务中发挥的作用”；在相关“教学提示”

中要求学生“搜集有关联合国议事和决策的规则及其执行机制的材料，分析中国在联合国的地位与作用”。针对以上要求，可以尝试通过开展“模拟联合国”活动，搭建了一个旨在培养学生具有“国际视野”“科学精神”和“公共参与”的意识与能力的平台。

“模拟联合国”(Model United Nations，简称“模联”)即学生扮演联合国成员国外交官的角色，真实模拟联合国的运作方式和议事流程，围绕国际合作反恐、应对全球气候变暖、遏制大规模杀伤性武器、维护妇女儿童权益等全球热点问题，通过外交谈判和斡旋，寻找解决问题的方法和途径。

在“模联”活动中，教师引导学生“角色扮演”“模拟现实”，学生不仅要学习科学知识，代表各国准备立场文件、进行演说、撰写工作文件、与盟国及敌对国进行商谈，更需要掌握有关辩论的技巧，需要与其他同学进行沟通与合作，要有宽容、包容的心态及观察、琢磨他人的心理和意识，要有多种语言的应用技巧等。活动的价值就在于它可以让学生拥有一种全球的眼光，学习团队合作，学习如何演讲，成长为世界公民。就像联合国前秘书长安南在给“模联”的贺信里说的，“模联是在培养明天世界的领导者”。这些都不是依靠说教、灌输、死记硬背等可以达成的。

四是巧用“新媒体”，提升思政课时代感。习近平总书记在2016年全国高校思想政治工作会议上特意提到，“开展思想政治工作，要运用新媒体技术使工作活起来，推动思想政治工作传统优势同信息技术

高度融合，增强时代感和吸引力”。中共中央办公厅、国务院办公厅印发《加快推进教育现代化实施方案（2018－2022 年）》提出，“大力推进教育信息化是推进教育现代化的十大任务之一，促进信息技术与教育教学深度融合，支持学校充分利用信息技术开展人才培养模式和教学方法改革，逐步实现信息化教与学应用师生全覆盖”。新课标也指出，“在课程实施中，要充分利用现代信息技术，拓展教育资源和教育空间”。

对于新媒体的界定众说纷纭，联合国教科文组织对新媒体下的定义是：以数字技术为基础，以网络为载体进行信息传播的媒介。新媒体具有交互性与即时性、海量性与共享性、多媒体与超文本、个体性与社群化的特征。新媒体的出现和迅速发展为思政课丰富了教育资源、拓展了教学渠道，为打造个性思政课堂创新教学活动带来了机遇。但新媒体良莠不齐的海量信息、学生“低头族”“拇指党”的庞大阵营，也使传统的思政课教学面临着巨大的挑战。中国互联网络信息中心（CNNIC）2019 年 2 月 28 日发布《中国互联网络发展状况统计报告》显示，“截至 2018 年 12 月，网民规模达 8.29 亿，全年新增网民 5 653 万，互联网普及率为 59.6%，较 2017 年底提升 3.8 个百分点。手机网民规模达 8.17 亿，全年新增手机网民 6 433 万”。手机已成为人们上网浏览不可缺少的工具，而且占据了大量的时间，“2018 年，我国网民的人均周上网时长为 27.6 小时”，每天有近 4 个小时的上网时间。学生是利用网络最活跃的群体，“截至 2018 年 12 月，中国网民中学生群体最多，占比达 25.3%”。

面对机遇和挑战，积极探索新媒体视角下思政课改革路径，通过“互联网＋”“VR”技术、创办微信公众号、制作微课和慕课等形式，让思政课的内容鲜活起来，走进生活、贴近生活，拉近教师和学生的距离，成为入脑入心的“兴趣课”，积极发挥思政课作为落实“立德树人”根本教育任务关键课程的教育功能，这也是思政课本该具有的魅力。

得益于移动互联网技术的迅猛发展，作为短视频领域的后起之秀——抖音，一经问世便抓住了年轻用户的心，成为学生使用频率极高的新媒体媒介。武汉大学马克思主义学院骆郁廷教授指出，“面对抖音中潜藏的负面作用的挑战，思想政治工作者应加大对抖音的关注和研究，加强对抖音的价值引导，弘扬社会主旋律，利用抖音激浊扬清，抖出更多正能量，激励共同参与创作，充分释放学生正能量，使抖音拓展成为学生思想政治教育的新阵地。”

“学习强国”是由中央宣传部宣传舆情研究中心出品的学习平台，以深入学习宣传习近平新时代中国特色社会主义思想为主要内容，为我们提供了海量的新闻资讯，展现了当今中国主流思想、世情舆情，“既有意义又有意思”。利用“学习强国”平台融入思政课，用丰富的媒体资源助力教育素材，真正把透彻的理论讲透彻，把鲜活的理论讲鲜活，把思想的魅力讲出来，把信仰的味道讲出来，真正让思政课“燃”起来。

让学生动起来，使学生在情绪的渲染、情感的激发过程中加深对理论的认知和理解；让课堂活起来，使学生在新鲜多样的实践教学手

段下，真正爱上思政课；让每一堂课都“有情有趣”“有滋有味”，不断提升思政课的吸引力、引领力，让“有意义”的事情变得更“有意思”，这才是思政课能够魅力四射的“法宝”。

二、强化辨析，增强价值引领有效性

党的十八大提出，“倡导富强、民主、文明、和谐，倡导自由、平等、公正、法治，倡导爱国、敬业、诚信、友善，积极培育和践行社会主义核心价值观。”中共中央办公厅印发的《关于培育和践行社会主义核心价值观的意见》明确指出：“坚持育人为本、德育为先，围绕立德树人的根本任务”“把培育和践行社会主义核心价值观融入国民教育全过程”“适应青少年身心特点和成长规律，深化未成年人思想道德建设，推动社会主义核心价值观进教材、进课堂、进学生头脑”。积极培育和践行社会主义核心价值观，对于凝聚社会共识，集聚全面建成小康社会、实现中华民族伟大复兴中国梦的强大正能量，促进青少年全面发展，成为担当民族复兴大任的时代新人具有十分重要的意义。

目前我国已经进入经济全球化、世界多极化、文化多元化、信息多样化的新时代，伴随我国进一步融入国际社会，各种思想文化的交流、交融、交锋更加频繁，导致我国主流价值观念受到多样化社会思潮和价值观念的严重冲击，遭遇多方面的价值冲突。2014 年 5 月 4 日，习近平总书记在北京大学师生座谈会上指出：“青年的价值取向决定了未来整个社会的价值取向，而青年又处在价值观形成和确立的时期，抓好这一时期的价值观养成十分重要。”因此，思政课作为社会主义核心价值观教育的核心课程，落实立德树人任务的关键课程，帮助青少年树立正确的世界观、人生观、价值观的主阵地，将社会主义核心价值观融入思政课具有十分重要的意义。

长期以来，思政课在价值观教育方面存在突出问题。宏观育人目标非常明确，中观学科育人目标比较笼统，微观教学更关注知识传授，三者有机联系不够，对上空挂、对下失联。社会主义核心价值观教育常常作为学科目标、具体知识点直接搬来，重知识传授轻价值塑造。“在教学内容上，满足于让学生了解概念体系结构等知识点，而较少采用生动而丰富的事实案例去帮助其掌握立场观点方法；在教学方式上，停留于“满堂灌”的注入式教学，而很少采用启发式教学去引导学生通过学习和思考提高觉悟；在考核方式上，主要通过笔试来测试知识掌握程度，而不是通过笔试、社会实践、调查报告、论文、课堂展示、答辩等灵活多样的形式来考查以价值观为代表的综合素质。”将教书与育人割裂，降低了思政课的实效性及其立身之本。新课标基于发展学生学科核心素养，紧紧抓住思政课意识形态属性强的特点，关注学生实际情况，着眼学生长远发展，提出“要用历史的眼光、国情的眼光、辩证的眼光、文化的眼光和国际的眼光，引领学生通过观察、辨析、反思和实践，真学真懂真信真用马克思主义，在人生成长的道路上把握正确的思想政治方向”的课程理念。

为了适应新课程改革的大形势，更好地落实新课标要求，实现教学目标，在教学实践中进行辨析教学是必须的。辨析教学是指通过辨别分析活动来开展教学、实现教学目标，来达到教学目的的一种教学方式。诸多类似于“是不是”“值不值”“对不对”“能不能”“该不该”需要辨析的教学内容，可以让学生进行比较、评估、质疑、权衡的地方，可以通过教师确定辨析议题、创设教学情境、设计辨析活动，学

生开展辨析来进行教学设计和实施教学活动。思政课相较于其他课程更加注重对学生思维能力、辨别能力、道德品质等素质的培养，学生学习的过程就是辨析的过程。高中生思维活跃，思想思维处于快速上升的阶段，但也容易受不良思想的影响，特别在网络信息技术发达、移动互联网广泛覆盖的今天，学生每时每刻都能接收到海量信息，如果不具备较强的辨别是非的能力，往往会发生社会观念的偏离，做出错误的价值判断和行为选择。开展辨析教学，可以让学生借助思维能力的训练，通过参与辨析活动发现陈述自己的观点，自己观点与他人的差异，比较不同的观点，达成观点共识，并结合辨析过程进行反思，校正自己行为的偏差。

设计辨析活动，关键看辨析点的选择是否真正具有思辨性、时代性、探究性、适切性和导向性。思辨性是指辨析的内容要具有矛盾、体现冲突，学生能通过抽象的思考、推理、论证得出结论，在思辨的过程中培养学生的思维品质。时代性是指辨析的内容要坚持与时俱进，不仅充分体现时代背景，还要有一种前瞻性的预见视线，对未来具有指导意义。探究性是指辨析的内容要通过提出质疑、发现问题、调查研究、分析讨论来获得知识、掌握方法、形成共识。适切性是指辨析的内容要贴合学生的身心发展实际、学生的学习情况，符合教师的教学要求和教学需要，体现师生之间、生生之间的相互尊重。导向性是指辨析的内容价值标准明确、政治立场坚定，指向学生学科核心素养的形成和发展，辨析内容的辩论和讨论应坚持什么样的价值取向，选择什么样的策略和方法。

根据新课标“教学与评价建议”部分所示，进行辨析活动设计，必须“凸显价值引领的意义，强化辨析，选择积极价值引领的学习路径。通过范例分析展示观点，在价值冲突中深化理解，在比较、鉴别中提高认识，在探究活动中拓展视野，引领学生认同、坚信社会主义核心价值观”。进行辨析活动设计应注重凸显价值引领的连贯性。一是教学前教师通过传递积极价值为学习引领方向。思政课早在设立之初就不是“价值中立”的，始终肩负着价值观教育的使命和责任。社会主义核心价值观是立足于中国特色社会主义伟大实践的，真正引领当代中国发展进步的价值观念，是社会主流价值观念，既继承了中国优秀传统文化，又是当代中国精神的集中体现。把社会主义核心价值观作为思政课价值引领的核心内容，为教学目标确定、教学内容选择和组织，为议题选择和活动型课程教学设计引领方向。二是教学中精选学习路径强化价值引领。教师应立足于当今信息化环境下学习的新特点，直面社会思想文化的影响相互交织与渗透、学生接受各种信息渠道明显增多的新态势，学生思想活动的独立性、选择性、多变性、差异性和高中阶段成长的新特点，引导他们步入开放的、辨析式的学习路径，理性面对不同的观点。只有学生亲历自主辨识、分析的过程，并进行判断，才能真正实现对其有效的价值引领。三是教学后通过学生思想和社会实践活动评估社会主义核心价值观的内化和践行。学科内容的教学与社会实践活动相结合，是活动型学科课程的显著特点。校外实践活动为教学提供了更广阔的空间、更真实的情境、更丰富的资源的同时，更是评价辨析活动设计与实施对现实问题解决、对学生生活中做出正确价值选择和确立正确价值观、对学生学科核心素养的培育的意义。

在《文化生活》的教学中，有一些文化观点易混易错，通过辨析有助于让学生明确观点和概念，正确地区分观点，辨出真理，防止观点错误和认识偏离正确的方向，从而提高学生的辨别分析能力、综合能力、自主探究能力，增强交流合作意识。辨析教学能够帮助教师讲清易混点易错点，提高课堂效率。

下面以“在文化生活中选择”为例展示辨析活动的设计。

表1　案例　“在文化生活中选择”辨析活动设计

教学环节	教学活动	学生活动	评价活动
导入	多媒体图片展示高考前家长们“上香、祭祖、祈神、求签”，高考时家长、学生穿着打扮“旗袍、耐克、紫内裤”，放榜后大操大办、吃喝宴请等行为，创设“文化生活之怪相”情境，激发兴趣，引导学生进入情境、处于最佳学习状态	积极参与，与教师热情互动	教师观察教学导入是否激起学生兴趣，是否全体学生都进入学习的最佳状态

续 表

教学环节		教学活动	学生活动	评价活动
活动	阅读教材	让学生阅读教材内容，归纳落后文化、腐朽文化的含义和表现形式。要求：(1) 阅读时间3分钟；(2) 边读书边联系自己的生活实际体会什么是落后文化和腐朽文化；(3) 提出一个能反映自己愿望和水平的问题	独立阅读，自主学习，提取信息，寻求理解，并联系相关内容。在此基础上归纳出落后文化、腐朽文化的具体表现形式，主动思考，提出问题，如何区分和对待落后文化和腐朽文化	教师观察、个别询问学生自学情况，学生自问自答，并就学生学习的情况进行小结
活动	问答	设疑导问及引导学生阅读教材后提出问题，并巧妙点拨，引领其他学生有针对性地回答，最后拓展提升，简要小结	阅读后主动提问，并能针对别人提出的问题，积极反馈	教师评价学生提问、回答的数量和质量

续　表

教学环节		教学活动	学生活动	评价活动
活动	辩论活动	围绕"'烧香敬神'是封建迷信活动还是精神信仰活动"这一问题，引导学生分两大阵营进行辩论，其中认为"'烧香敬神'是封建迷信活动，不可取"的同学为正方，认为"'烧香敬神'是敬神信仰活动，可取"的同学为反方，中间方为评委。 辩论规则：（1）正反双方一辩开篇立论，各1分钟；（2）正反双方二辩、三辩驳对方立论，各1分钟；（3）自由辩论，双方各2分钟；（4）反方四辩总结陈词、正方四辩总结陈词	选择自己感兴趣的、认可的一方，参与讨论、交流，凝聚共识，同时积极参与辩论，并把研究成果在全班展示，接受同学和教师的评判	教师观察学生合作学习过程和效果
	自评互判	引导正反方学生进行自我评价，然后请学生评委互动点评。在学生反馈纠正的基础上，及时拓展提升，引导学生正确辨识、对待落后文化和腐朽文化	正反方学生进行自我评价；学生评委依据一定的标准，对正反方的表现进行点评	学生自评、互判，教师总评提升

续 表

教学环节	教学活动	学生活动	评价活动
结束	引导学生进行总结、升华的同时，激发学生对相关内容或问题产生继续学习的欲望	认真听讲或自我小结	教师观察学生是否产生了继续学习的愿望

上述案例，通过设计辨析活动，旨在激发学生思辨意识、提升学生思维品质的同时培养学生“科学精神”素养。我国公民的科学精神，就是在认识世界和改造世界的过程中表现出来的一种精神取向，即坚持马克思主义的科学世界观和方法论，能够对个人成长、社会进步、国家发展和人类文明做出正确的价值判断和行为选择。“科学精神”，作为一种精神取向，具有理智、自主、反思等思维品质和行为特征，通常表现为事实判断、价值选择和实践创新。培养学生的科学精神，有助于他们形成正确价值取向和道德定力，提高辩证思维能力，在实践创新中增长才干。所以，对于形式多样的文化生活，面对复杂的文化现象，需要加以辨析，既要看到它丰富文化景观、拓展文化视野、活跃文化思想、激发人们参与文化生活热情的一面，也要看到落后文化和腐朽文化伺机蔓延、污染文化环境、危害社会的一面。为此该案例设计了“‘烧香精神’是封建迷信活动还是精神信仰活动”的辩论活动，引导学生做出合乎理性的价值判断和行为选择，即对生活中的文化现象要“提高辨别不同性质文化的眼力，增强抵制落后文化和腐朽文化的能力”，从而深刻领会弘扬主旋律、发展中国特色社会主义文化

的重要意义，自觉弘扬中华优秀传统文化，发展社会主义先进文化。

三、优化案例，突出情境创设功能性

为什么有的思政课达不到预期的效果？为什么对思政课的总体效果不满意？这是困扰思政课教师持久的问题。什么是课堂的有效？它应该是教学目标的达成，既有学科知识的理解、学习方法的掌握，更是直指学生心灵的核心素养的提升和有助于学生的成长。影响思政课效果的因素有很多，从“人”的角度看，有教师、学生、教育管理者三个方面因素的影响；从教学的过程看，具体的教学方式和方法对教育效果也有直接的影响。以教师为主体，学生被动参与的教学方式，教育效果较差；以学生为主体，教师为主导，学生切身体验、主动参与的教学方式，教育效果较好。

学习金字塔是美国缅因州的国家训练实验室研究成果，它用数字形式形象显示了：采用不同的学习方式，学习者在两周以后还能记住内容（平均学习保持率）的多少（见图1）。它是一种现代学习方式的理论。最早它是由美国学者、著名的学习专家爱德加·戴尔 1946 年首先发现并提出的。从“学习金字塔”我们可以看到教学方法对于学习效果非常重要。学习内容平均留存率不高的，基本是以老师为主体，学生都是个人学习和被动学习的传统教学方式；学习内容留存率在 50％以上的，基本是以学生为主体，学生都是团队学习、主动学习和参与式学习的教学方式。

图 1　不同学习方式的学习内容平均留存率

2017 版新课标坚持构建以培育思想政治学科核心素养为主导的学科逻辑与实践逻辑、理论知识与生活关切相结合的活动型学科课程。活动型学科课程的实施包含结构化的学科内容、序列化的活动设计、可操作的测评三方面内容。其实现的具体路径可被概括为："基于目标的议题——围绕议题创设情境——置身情景开展活动——对照目标进行评价"。活动型学科课程与传统教学相比发生了重大变化：首先，讲课的内容主要以议题的方式呈现。议题，既包含学科课程的具体内容，又展示价值判断的基本观点；既具有开放性、引领性，又体现教学重点、针对学习难点。其次，从以老师为主，变成以学生参与研讨为主的方式，通过创设丰富多样的教学情境，引导学生面对生活世界的各种现实问题，学生从个体的学习者转变为社会实践的参与者。再次，从老师给答案，变成老师与学生共同协作达成共识的结果，教育不再是老师单方面的灌输，而是师生之间的协作共建，是"点燃"学生，

以确保“生动的案例”所承载的“深刻的道理”对学生产生深远的影响力。

一是基于目标、确定议题。

新课标的重大变化之一就是凝练了学科核心素养，明确了学生学习该学科课程后应达成的正确价值观念、必备品格和关键能力。思想政治学科核心素养主要包括政治认同、科学精神、法治意识和公共参与，这4个核心素养不是孤立存在的，而是一个有机的整体，在内容上相互交融，在逻辑上相互依存。从课程目标看，通过思想政治课程学习，学生能够具有思想政治学科核心素养。

基于课程目标，思想政治活动型学科课程以议题为抓手，依托活动任务，培育学科核心素养。新课标在“教学评价与建议部分”，提出了“围绕议题，设计活动型学科课程的教学”的要求，强调“教学设计能否反映活动型学科课程实施的思路，关键在于确定开展活动的议题”。议题，在新课标下的课堂教学中具有重要地位，是活动型学科课程活动设计的中心环节，对教学活动起着统领性作用。思政课实现转型、达到预期效果，议题设置必须是学生真正需要的，理应是需“商议”、有“争议”、待“评议”、可“建议”的问题。新课标在必修课的教学提示中列出了34个议题建议，在教学与评价建议部分又提供了4个完整的议题，这给我们开展教育教学提供了一定的研究参考。

二是创设情境、任务驱动。

以学科核心素养为导向的思政课教学，特别强调学科核心素养与议题、教学情境、学习任务、学习活动之间的关系（图2）。基于目标、围绕议题的基础上创设真实鲜活的教学情境，设计明确有效的学习任务，并在教学实践中准确把握情境创设和任务设计的关系，直接决定着课程教学能否沿着正确方向推进、向着纵深领域深入发展、核心素养培养能否顺利实现。新课标尤为重视教学情境与学习任务的有效对接，既强调依托真实鲜活的教学情境设计学习任务，又强调通过聚焦明确有效的学习任务解构教学情境。

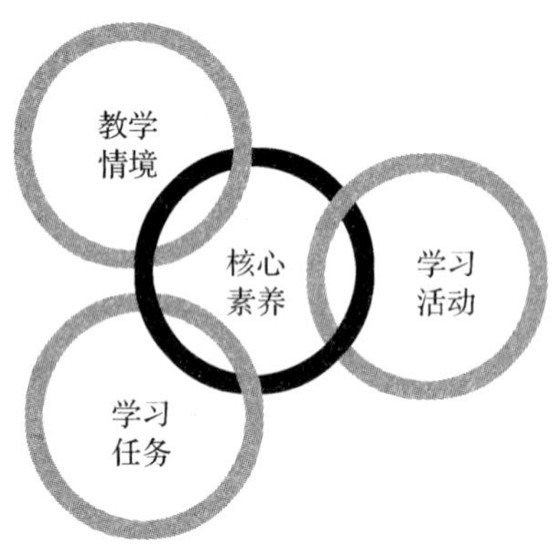

图 2　学科核心素养与教学情境、学习任务、学习活动之间的关系

创设真实鲜活的教学情境。新课标指出，“考查学生的核心素养发展水平，需要以具体的真实情境作为执行特定任务和运用学科内容的背景与依托。思想政治学科核心素养就是看学生能否运用学科内容应对各种复杂社会生活情境的问题和挑战。学科内容也只有与具体的问题情境相融合，才能体现出它的素养意义，反映学生真实的价值观念、品格和能力。”其中提到的“真实情境、社会生活情境、问题情境”给教学设计以明确指向，围绕议题、指向学科核心素养的教学设计必须创设真实鲜活的教学情境。真实鲜活的教学情境首先是要与生活世界紧密关联，既可以是“原汁原味”的真实，也可以是“精心打磨”的真实，但都要在教学过程中产生“真实”的效果。例如，在讲《生活与哲学》“世界是普遍联系的”这时，在第二幕设计一个“十一‘黄金

周’火爆的原因”环节，提出“什么原因使得今年‘黄金周’如此火爆?”的学习任务，在同学交流之后，又追问“这些原因属于什么条件?（给出图示让学生连线）”，在再次交流之后，水到渠成地提出了第三个任务:“联系的多样性的原理和方法论，并据此评析‘黄金周’不文明行为”。这样的情境创设，就把原本比较抽象的“联系的多样性原理”拉回到了学生的日常生活当中，这种接地气的情境容易产生真正的教学效果。其次是要与学生实际相契合。创设情境必须从学生已有经验、现实情况出发，以更好地发挥情境的教育功能。例如，在讲《文化生活》“加强思想道德建设”这时，设计一个“坚定理想信念——青春畅想”的环节，要求学生以小组为单位开展讨论:“从习总书记对青年学生的寄语里，我们可以得到怎样的启示?”在此可以创设这样一个情境：习总书记在陕西梁家河大队插队时的经历，并提醒学生习总书记当时也同他们现在一般大。这就把从总书记的经历和寄语中寻启示，变成了“同龄人”之间的交流：总书记像我们这个年纪的时候在做什么?我们现在又应该怎样做?这样的情境创设，很好地弥合了情境与学生的“距离”。再次是要与学科内容相融通。新课标指出“优化情境的功能有助于呈现并运用相关学科的核心概念和方法”“学科内容也只有与具体的问题情境相融合，才能体现出它的素养意义，反映学生真实的价值观念、品格和能力”。可见学科内容一旦离开教学情境，就很难发挥学科核心素养的功能了。

设计明确有效的学习任务。建构主义教学倡导“任务驱动——以学生为中心，在体验探究活动中完成某种特定任务”。让学生在情境中获得感悟、发展学科核心素养，必须赋予学生具体有效的学习任务，否则学生难以切实体验、入境生情，更不会获得面对生活世界的各种现实问题的能力。设计学习任务首先要强调明确性。明确任务设计的目的指向，即培育哪一种或哪几种学科核心素养；掌握什么样的学科知识或价值观念；在教学过程中用于教学内容的理解或是教学环节的衔接；指导学生操作的步骤、方法，以便有序、有效地开展学习活动。比如，在前边面提到的“世界是普遍联系的”教学中，设计“‘黄金周’治堵之策”这一环节，提示学生从政府及相关部门（宏观调控）、景区、其他经营主体和游客几个角度进行分角色小组讨论，由一名代表总结发言，讨论时间 5 分钟，发言时间 2 分钟。各组按照任务的提示开展活动，学习活动就比较有序、有效了。其次要注重有效性。新课标强调“学科内容采取思维活动和社会实践活动等方式呈现”，旨在“让学生在社会实践活动的历练中、在自主辨析的思考中感悟真理的力量，自觉践行社会主义核心价值观”。设计学习任务必须考虑学生参与的程度和获得体验感悟的效度。在讲《政治生活》“国际关系的决定性因素：国家利益”这时，设计这样一个探究任务：“你们如何看待当前中美贸易战、美国特朗普的华为‘禁令’？华为如何冲破安卓桎梏？说说你的理由。”如果学生对中美贸易摩擦的利益关系和华为事件的本质没有深入的了解和清晰地认识，那么学生对这个任务的探究也只能是泛泛的、浅表的、缺乏真正获得感的；相反，如果老师在课前做了任务布置，学生也做了相关调查、准备了相关资料，那么再进行交流时学生就是深度的参与和深刻的感悟了，这才是有效的的学习任务。所以，即使看上去是同一个任务，学生参与的程度和获得体验感悟的效度其实也是不一样的。总之，任务明确，目标清晰，这样的课程内容翔实，更加具有吸引力，同时也更能聚焦。

三是优化案例、设计活动。

教学向着情境化和场景化方向发展，在教学过程中，对教学内容和教学环境进行科学的设计和开发，使其情境化、逼真化，既有利于激发学生兴趣，更好地投入学习，也有利于其根据情境理解本课所学知识应用点、应用范围、应用环境。情境化课程主要体现为案例情境化，把基于学科核心素养的议题通过案例的情境化设计和加工，是基于建构主义教学模式的一种教学方式。即整个教学过程始终围绕一个典型的、完整的案例进行教学，过程中注重引导学生对于案例的分析、讨论和思辨，最终系统性地总结提炼出具有普遍规律和意义的思路和方法。这种案例情境化教学有完整系统的内容、形式多样、意义丰富，以学生为主体、教师引导，教师和学生都是紧紧围绕这个案例进行学习。它不同于传统教学中单一、简洁，用以证明、解释、帮助理解，以教师讲为主的举例说明，更有助于课程目标的实现。

案例说明式教学。例如，在讲《经济生活》“多变的价格”第一专题“影响价格的因素”，解释“供求影响价格”，采取举例说明时，老师的说法一般是：“我举个例子”“给大家看一个案例”——“某地政府采取加大供地量、严格执行国家限购政策，商品房供求关系调整，使当地房价有所回落”。在这类案例的运用过程中，基本上是以老师为主，讲观点、举例子，学生只能倾听、记录。

案例情境化教学。例如，在讲《经济生活》第二单元第五课第一框“企业的经营”时，设置“消费者选择理性消费后，网红店何去何从?”这个议题，创设真实情境，引导学生分角色扮演，在切实体验中分析、讨论、思辨“网红店迅速蹿红的原因、消费者大雨排队几个小时等待的行为、网红店泡沫不断散去的原因、从网红店经营探讨企业经营”几个学习任务。在这类案例的运用过程中，案例是学习的重点和核心，老师和学生都围绕这个案例进行学习。

思政课教学案例的甄选和使用有赖于教师提升责任意识、业务素养，精挑细选、优化素材。如此应遵循以下原则：思政课选取的案例应是具有时代性的。既要呼应时代主流意识形态，坚持正确的导向性，弘扬主旋律、传播正能量，又要挑选紧跟时代潮流以及社会未来发展趋势，体现时代精神的新鲜案例。思政课选取的案例应是形式多样的。充分利用各种渠道广开案源，针对教学情境选择合适的案例呈现方式，从而提升教学的魅力。思政课选取的案例应是精炼恰当的。情景化的案例需要有完整性、连贯性，这样才能进行全面系统的分析，但应是在有利于学生思维的灵活性、敏捷性、深刻性不断强化的前提下。思政课选取的案例应是典型生动的。思政课内容涉及哲学、经济学、政治学、法学等学科，具有综合性，与之关联的案例不胜枚举，案例选择要依据教学实际需要和学生实际状况精选、优选，使教学的启示意义更加深刻，教学过程更具震撼性。

情境化教学除了案例设计的情景化，还需要学习活动的情境化，使整个教学更加逼真。学习活动是以学生为中心，围绕某个学习任务，解决某个学习问题的教学活动。学习活动必须依托情境、聚焦任务，有完整的流程和要求。学习活动必须有针对性，应该针对学生、围绕学生进行，不能偏离目的和主题。如前面提到的“‘黄金周’治堵之策”的小组讨论环节，老师没有对学习活动操作流程和参与学生做相

应的设计，会让学生无法投入其中、草草收场，教学效果也难以让学生满意。学习活动必须有可控性，坚持学生主体、教师主导，这也是新课标的要求。学习活动是为了促进大家学习，但如果选择和操作不当，就容易失控，反而会影响教学效果。这就要求教师精心设计学习活动，熟练掌握学习活动。

第二节　基于问题导引下的启发和灌输

以往传统的教学模式主要强调教师的教，忽略学生的主体作用，但是，教育的根本任务在于立德树人，即便是以高考为指挥棒的“旧式老师”和“旧式学校”，也必须承认，今天的高考正由知识立意向能力立意、核心素养立意转变，因此即使为了达到学生高考取得好成绩这样的目标，教学也必须注重学生能力和素质的培养。

这样的转变也倒逼着我们的课堂教学进行改革，必须强化以学生为主体，教师为主导的教学理念。那么，如何能够调动起学生的学习自主性和积极性？如何让学生真正成为课堂的主人？那就是让学生们“动”起来，让我们的课堂“活”起来，我们的知识必须是由学生来体验、感悟最后升华为自己的能力、素养。什么样的介质和纽带能够联接教师的指导和学生的思考，联结教师思想与学生的思想呢？应该就是问题。

问题如何设置，这是课堂教学最为关键的一个问题。根据思政课的特点，思政课的问题应该有透彻的学理分析，有强大的理论引导能力，有真理的震撼作用。同时，还有符合高中生的认知特点，在恰好的情境中抛出恰当有说服力有思维含量、有坚定政治立场的问题，才能起到启发和灌输的作用。

一、以透彻的学理分析启迪学生

学理，可以解释为科学上的原理或法则。学理分析，即对一个项目的研究是从学科和原理方面给出的分析。在我们的中学思想政治课教学中要培养学生的科学精神素养，必须要以透彻的学理分析启迪学生的思维，不仅要使学生知其然，还要让学生知其所以然。

学理分析的现实意义。我们知道事物是普遍联系的，联系是事物存在和发展的条件，要认识事物的性质和作用，我们必须把事物放在普遍联系之中，才能科学准确地分析出事物的性质和作用。学理分析有助于帮助学生科学准确地分析和判断事物，也有益于培养学生质疑和反思的精神，还有利于整合相关知识从而培养学生的创新品质。

思想政治课要做好学理分析，首先必须引导学生去寻找学科间的联系。这个过程的实现并非易事，需要教师引导学生从教材的章节中走出来，树立大教材观，将知识的来龙去脉理顺出来，这样有利于形成本学科不同知识构成的知识体系，从而形成完整的学理分析。

案例：我们在讲授运动与静止的关系时，就要以透彻的学理分析启迪学生。我们知道，“运动是绝对的、永恒的、无条件的”，我们通常的理解是通过“静止是相对的、暂时

的、有条件的”对比分析来实现的。这样做的确能让学生知道运动是绝对的、永恒的、无条件的，但这也只是让学生知其然而不知其所以然。所以我们在教学中除了对比分析外，还尝试从知识间的联系角度加以分析。

1. 从静止与运动的对比分析中理解

辩证唯物主义所讲的静止，是运动的一种特殊状态。它主要有两方面的含义：一是说事物在它发展的一定阶段和一定时期，其根本性质没有发生变化，这其实是从“时间”的角度来看事物的根本性质没有发生变化。比如，人的一生中，人的根本性质就没有发生变化，这当然是相对于时间（人的一生）这一条件来说的，因此这是暂时的；二是说物体相对于某一参照系来说没有发生某种运动，这其实是从“空间”的角度来看物体的位置没有发生变化。比如，正在上课的学生相对于空间（教室里的黑板）这一条件来说位置就没有发生变化，因此这也是暂时的。我们不难看出，静止是相对的、暂时的、有条件的。运动与静止是相比较而存在的，所以我们也容易得出运动是绝对的、永恒的、无条件的这一结论。因此，物质世界是绝对运动和相对静止的统一。我们生活中有很多事例都能很好地说明物质世界是绝对运动和相对静止的统一，比如，亚洲有一种毛竹，最初 5 年里在地下生根长达几千米（绝对运动），人们几乎看不到它的生长（相对静止）。第 6 年雨水到来时，它钻出地面，以每天

60 厘米的速度长到 30 米高（绝对运动）。再如，传统的电影放映是播放电影拷贝胶片上的画面，银幕上人物几秒钟的静止实际是由放映机播放的数十张胶片上相同的画面形成的。

2. 从物质与运动的关系中理解

运动是物质固有的根本属性和存在方式。哲学上所说的运动是指宇宙间一切事物、现象的变化和过程，就其具体形式而言是多种多样的。有物理性质的运动，如物体的位移；有化学性质的运动，如铁钉生锈；有生命有机体的运动，如人的一生等等。运动是绝对的、无条件的、永恒的。如何理解呢？打开这一结论的钥匙首先就是哲学上的物质，哲学上的物质是不依赖于人的意识，并能为人的意识所反映的客观实在，它是我们从万事万物的具体形态中抽象出其共同的属性就是客观性即不依赖于人的意识；可知性即能为人的意识所反映；客观实在性，这是物质的唯一特性，这是相对于主观而言的，就像我们生活中面包和我们头脑中想象出的面包是不一样的，前者具有客观实在性，而后者则是人的主观想象。

哲学上的物质是所有物质具体形态的共同属性，它是永恒的，既不能被创造也不能被消灭。运动则是物质固有的根本属性和存在方式。也就是说，物质必须在运动中才能得以存在，因此物质的永恒存在性就要求运动必须是永恒的、绝

对的、无条件的。我国的成语、俗语、古诗词中有很多表述都能说明这一问题。比如，出自《吕氏春秋·尽数》的成语“流水不腐，户枢不蠹”，意指常流的水不发臭，常转的门轴不遭虫蛀。比喻经常运动，生命力才能持久，才有旺盛的活力。再如，唐代诗人李贺的诗句，“少年安能长少年，海波尚变为桑田”，意指人的一生少年时光怎能长久呢，即便是浪涛翻滚的大海也有变为农田的那一刻。

3. 从矛盾推动事物运动、变化和发展的角度理解

世界上的一切事物都包含着既相互对立，又相互统一的两个方面。矛盾就是反映事物内部对立和统一关系的哲学范畴，简言之，矛盾就是对立统一。矛盾的对立属性是斗争性，矛盾的统一属性是同一性，它们是矛盾所固有的两种基本属性。矛盾双方既对立又统一，由此推动事物的运动、变化和发展。一方面，矛盾的斗争性是绝对的、无条件的，事物只要在时空上处于一个统一体中，就绝对存在自然特征或人文特征等方面的差异，相比较而存在、相斗争而发展。因此矛盾双方的相互排斥、相互对立推动事物的运动必定是绝对的、永恒的、无条件的。比如，密度流的典型例子是连接地中海与大西洋之间的直布罗陀海峡，地中海地区是地中海气候，夏季炎热干燥，冬季温和湿润，地中海蒸发量大，地中海海水盐度较高，而大西洋的海水密度大，水面降低，盐度比地中海低，密度较小，水面比地中海高。因此，大西洋

水面较高与地中海水面较低之间的相互排斥、相互对立，使得大西洋表层海水会经直布罗陀海峡流入地中海，而地中海底层海水会从海峡底层流入大西洋（绝对运动）；另一方面，同一是对立面之间的同一，矛盾的同一性是相对的、有条件的。第一，只有处在一定具体时空的事物之间和事物内部的矛盾双方才会有这种相互依存、相互转化的关系。第二，矛盾的同一性随时间、条件的变化而表现出不同的特征。因此，矛盾双方相互吸引、相互联结也就使事物呈现相对的、暂时的、有条件的即哲学上的静止。比如，海水中每天都会有新的盐分进入海水，海水中也有一些盐分进入海床沉积层，新注入的盐分数量与海水里跑掉的盐分数量互相抵消，这种同一性就使得海水的平均溶盐浓度保持稳定（相对静止）。

思想政治课要做好学理分析，既要引导学生去寻找学科间的联系也要引导学生建立跨学科间的联系，这也就是我们今天强调的跨界思维，它需要教师引导学生寻找跨学科知识间的联系。

例如：替代品和互补品的相关知识自新课程实施以来一直是高考政治中的一个高频考点，备受命题人的青睐，近年来考查的方式和角度正逐步深化和拓展，而且与一些数学知识建立起某种联系，体现出“跨界思维”的思想。我们要对替代品和互补品的相关知识进行系统地梳理，考生才能从学理的角度系统地掌握替代品和互补品的相关知识。

我们知道，如果两种商品的功能相同或者相近，可以满足人们的同一需要，这两种商品就互为替代品。如对于出行者而言，动车和飞机是可以相互替代的交通工具。如果两种商品必须组合在一起才能满足人们的某种需要，这两种商品就是互补商品。如对于体育爱好者而言，羽毛球和羽毛球拍是互补商品。因此，我们消费者对既定商品的需求，不仅受该商品价格变动的影响，而且受相关商品价格变动的影响。据此，我们可将替代品之间的关系和互补品之间的关系做如下总结：若A和B互为替代品，一般来说，当A的价格上涨，人们对A商品的需求量减少，对B商品的需求量增加；当A的价格下降，人们对A商品的需求量增加，对B商品的需求量减少。若A和B是互补商品，一般来说，当A的价格上涨，人们对A商品的需求量减少，对B商品的需求量也减少；当A的价格下降，人们对A商品的需求量增加，对B商品的需求量也增加。同学们需要记住这一结论，替代品和互补品的高考试题大多是依托这个结论来命题的。

二、以彻底的思想理论说服学生

思想政治课是普通高中必修课程，高中思想政治课进行马克思列宁主义、毛泽东思想、邓小平理论、“三个代表”重要思想、科学发展观、习近平新时代中国特色社会主义思想等基本观点教育，以社会主义物质文明、政治文明、精神文明、生态文明建设常识为基本内容，引导学生紧密结合与自己息息相关的经济、政治、文化生活，经历探究学习和社会实践的过程，领悟辩证唯物主义和历史唯物主义的基本观点和方法，切实提高参与现代社会生活的能力，逐步树立建设中国特色社会主义的共同理想，初步形成正确的世界观、人生观、价值观，为终身发展奠定思想政治素质基础。

马克思主义是最有理也是最讲理的理论，中学思想政治理论课教师不仅要懂理论，还要讲好理论。实践性是马克思主义理论的本质特征，讲马克思主义理论要顶天立地。实效性是提高说服力的内在要求，从价值导向和实践导向上增强思政课的实效性，需要靠理论来保障。思想政治理论课的实效性从直接性上说属于实践问题，实践性问题要在思想政治理论课的实践创新中解决，但这不是简单操作层面的问题，而是需要前提的批判和理论的建构。也就是说，增强思想政治理论课的实效性要从思想政治理论层面加以建构。中学思想政治理论课要“因事而化、因时而进、因势而新”，需要增强思想政治教育的理论之“基”，并用生活感知知识，实现理论话语向现实话语的转换，提高思想政治话语的感召力，使思政课堂更具亲和力、更接地气。要强化问题意识，以问题为导向，回答学生最关心、最需要回答的理论与实践问题，找准高中生思想的共鸣点，满足高中生的健康成长需要。

思想政治理论课要增强学生对“中国特色社会主义的思想认同、理论认同、情感认同”，只有从理论上深刻分析马克思主义的历史必然性和中国特色社会主义的科学真理性，让学生“沿着求真理、悟道理、明事理的方向前进”，才能使学生坚定中国特色社会主义道路自信、理论自信、制度自信、文化自信，才能让思想政治理论课入耳、入脑、入心，真正实现用马克思主义的真理力量感召学生。

1. 基于实践让思想理论鲜活起来

（1）“为有源头活水来。”基于在实践中获得的“片面的认识”进行反思和质疑这一过程是通过设置实践活动让学生再现“认识”，再通过质疑和反思引导学生将获得的“认识”回到实践中接受检验，进而形成对认识对象科学、完整、准确的认识。我们知道人的认识是主体对客体的能动反映，这种反映只有在实践中、在主体和客体的相互作用下才能完成。

为了让学生能产生真思考，我会把一些教学内容设置在一系列学生参与的活动中。比如，学习实践含义时，我设置了这样的活动：让学生拿出一张纸，折出他们头脑中想的东西。有的学生折出了飞机，有的是纸鹤，有的是青蛙，有的是纸船等等，这样学生就在动手中“认识”到实践是一种直接现实性的活动，它可以把人们头脑中观念的存在变为现实的存在。在此基础上我设置了两个问题：第一，结合你们折纸的过程，你认同这句话吗？设计意图：对学生刚刚的活动中获得的认识提出疑问，促使学生质疑和反思的形成。第二，通过实践，同学们头脑中的“想法”都变成了“现实”了吗？一部分学生点头肯定，一部分学生则摇头否定！设计意图：把学生在实践中获得的认识再回到实践中接受检验，以克服片面的认识。我表现出“诧异”的样子，看来这实践还挑“想法”呀！这是怎么回事呢？有了学生在动手过程中的真思考，他们很快就找到了原因。

生甲：想法要符合自身的能力。我一开始想折纸鹤，但是我忘记怎么折了也就没有折出来，所以想法要符合自身的实际。

生乙：想法要符合我们改造对象的属性。刚上课时我就饿了，我就在想这张纸要是能折出一根能吃的火腿肠该多好呀，但我知道实现不了，是因为这一想法脱离了要改造对象的实际。

通过动手操作，学生自己就能深刻地思考出一些抽象的思想理论，不由得让我想到了“纸上得来终觉浅，绝知此事要躬行”。

(2)“不为浮云遮望眼。”基于在实践中获得的“感性的认识”进行反思和质疑。

这一过程是通过学生在实践活动中获得的感性认识，再通过质疑和反思引导学生将获得的感性认识上升为理性认识，进而形成对认识对象的科学、完整、准确的认识。我们知道认识是从对外部客观事物的直接感性认识开始的，它通过感觉、知觉、表象等形式，接受客体的各种信息，感知客体的外部属性、状态和形象。因此，“生动的直观”在认识过程中有重大的作用。但是，“生动的直观”还不能揭示事物的本质和规律，它必须上升到理性认识。认识主体在“生动的直观”所提供的感性材料的基础上，运用抽象思维，借助于语言对感性材料进行逻辑加工，通过归纳和演绎、分析

和综合，以概念、范畴、判断、推理的形式，形成理论知识体系。这样，才能从本质上全面地反映客观事物。

再比如，学习静止的含义时，我设置了这样的活动：让学生走出班级在班级门口等候一小会儿，然后再让他们有序地回到班级。在此基础上我设置两个问题：第一，刚才回到班级的都是谁？（众生笑着回答是“我”）为什么还是你呢？设计意图：引导学生总结出静止的一种情况，从时间上看，事物在它发展的一定阶段和一定时期，其根本性质没有发生变化。第二，现在坐在座位上的你和黑板的位置有没有变化？为什么没有变化？设计意图：引导学生总结出静止的另一种情况，从空间上看，事物相对于某一参照物来说位置没有发生改变。在这两个问题的基础上学生就懂得了静止是一种特殊的运动，是相对的、有条件的和暂时的。我在此基础上进一步追问——那运动又是什么样的呢？学生齐答：运动是绝对的、无条件的、永恒的。这时一名学生站起来提出了质疑，他说“通过运动与静止的分析我知道运动是绝对的、无条件的、永恒的，但是我不理解这是为什么”。我及时肯定了该生的提问，并趁机提出问题，为什么运动是这样的呢？同学们能否从物质与运动的关系中得到启发？短暂的反思后他们成功地进行了一个推导：大前提——物质是永恒的。小前提——运动是物质的根本属性和存在方式。结论：运动是永恒的、绝对的、无条件的。这样学生就在质疑和反思中由感性认识上升为理性认识，进而对哲学上的运动形成科学、完整、准确的思想理论认识。

总之，我们要在遵循学生认知规律的基础上运用创造性的设计和巧妙的引导生成学生内在的质疑和反思，从而把辩证唯物主义和历史唯物主义的基本观点和方法落到实处。

2. 基于情景探究与交流，明辨和感悟思想理论

(1) 创设“动口”情景，明辨知识

政治课堂是探究与交流的课堂，通过设置贴近学生的问题情境，并通过小组合作使学生在探究和交流中明辨知识。

比如，在学习现代文化传播的手段时，正好赶上我校将要与吉大附中的师生进行手拉手活动，据此，我以此为情景，设计了三个贴近他们实际的问题先让各小组探究和交流。

第一，我校将要与师大附中的师生进行手拉手活动，咱们班如果有幸参加这项活动，你会选择哪些传媒作为手段来介绍我校师生的情况呢？设计意图：通过学生交流，初步了解传媒大体经历了口语、文字、印刷、电子和网络。

第二，我相信这项活动结束后，很多同学会与师大附中的师生结下一份深厚的友谊，我们平时还想与他们交流，又会选择什么样的媒介作为手段呢？请说明理由。设计意图：在交流中让学生理解现代文化传播手段是大众传媒以及它的特点。

第三，新的传媒出现是否意味着旧的传媒的消失？设计

意图：让学生懂得各种传媒都在文化传播中发挥着重要的作用。

（2）创设“动脑”情景，感悟知识

生本教育创始人郭思乐教授提出，比“基本知识和基本技能”更为基础的是发展人的情感和悟感，认为感悟是人的精神生命拓展的重要标志，学生学习的核心部分应该是发展感悟，积累的意义也在于感悟的形成。因此，情景的设置和问题的提出要真正地能让学生开动大脑，能让他们真正地进入到思考当中，从而激发出他们动手和动口的欲望。比如，在学到矛盾含义的时候，我让学生不选择任何一个参照物来判断我的身高是高还是矮，不选择任何一个参照物来判断我手中粉笔的位置是上还是下。一石激起千层浪，同学们在陷入短暂的思考后，纷纷站起来：“讲道：没有对比就不知道高和矮、上和下”“它们是相互依赖的，不对，准确地说应该是对立面之间的相互依赖”“它们之间可以相互转化”“转化是有条件的”“它们之间是对立统一的关系等等”。这样，就在学生的动脑中轻松地学习了矛盾的相关知识。

3. 立足教材，“读、说、问、析、评”，帮助学生树立正确的世界观、人生观、价值观

读！读就是阅读教材，首先要让学生知道怎么阅读和读什么，因此在阅读教材之前，先让学生了解教材的设置，懂得怎么阅读和读什么。政治课每一册必修模块都有“致同学们”，介绍了两个方面：一是怎么看待这门课程；二是如何阅读这本教材，教材分为单元、课、框、目四个层次。单元，都用各自的序言简要地告知我们本单元的主要内容和意义；课，帮助我们明了本课所要讲述的主题；框，其内容大体按照一课时安排，就是我们每节新授课要学习的内容；目，既是构成课文的基本单位，又是学习过程的基本环节。每一目下都有正文，这是学习的主体内容，介绍每一目要学习的知识有哪些。另外，还有辅助文，其中“专家点评”是对疑难问题的解析和拓展性说明，“相关链接”是对事例、资料、数据的引述，“文化名人”是对有关人物文化贡献和影响的简要介绍。其次，要求学生在阅读教材的基础上明确将要学到哪些内容和初步构建出本课的知识框架。

“说、问、析、评”，说就是让学生介绍本课要学习的内容是什么；问就是对教材中学生难以理解的内容由教师追问或者学生提问来引发对相关知识的思考；析就是分析或者例析，可以运用已知的理论分析相关知识，也可以用具体事例来证明教材的观点；评就是教师要给予及时、适当、适度的评价。

现以“文化创新的途径”教学为例来说明“教”教材，立足“读、说、问、析、评”的具体运用。上课伊始，我就让学生阅读教材 51—55 页（时间 10 分钟），明确本课要学到的内容有哪些，并初步构建本课的知识体系，这时教师要查看学生的读书情况并做必要的指导。本课第一小组在合作中率先完成了规定的内容，所以由第一小组的同学介绍本课要学习的内容，其他小组可以提出自己疑惑的问题，或者运

用已学的知识进行理论分析，或者用生活实例加以例析。生A：这节课我们要学习的内容是：文化创新的途径，也就是怎么样进行创新的问题。主要从四个方面介绍的：第一，立足社会实践。由于其他小组没有提出问题，所以教师追问，为什么要立足社会实践呢？生A：文化创新的动力和源泉是社会实践。教师评价：很好！你能从前后的知识联系中来思考。第二，继承传统，推陈出新。其他小组提出了3个问题：①为什么要继承传统，推陈出新？②继承传统、推陈出新是一个怎样的过程？③推陈出新的“新”新在哪里？生A：教材中对第一个问题有了明确的说明：“一方面，我们不能离开传统，空谈文化创新；另一方面，体现时代精神，是文化创新的重要追求。”生B做了补充，从文化继承与发展的关系中可以得到很好的说明。生C对第二个问题做了回答：继承传统、推陈出新既是一个“取其精华，去其糟粕”的过程，又是一个“推陈出新，革故鼎新”的过程。生D对第三个问题进行了回答：推陈出新的“新”就新在了它注入了时代的气息或者时代的精神，就像于丹评《论语》，她就是用我们今天的事来解读论语的。教师评价：同学们提出的问题反映出我们想知道或者有迷惑的地方，很有价值，同学们的回答更是有水准，继续加油。

生A继续说：第三，文化创新需要面向世界，博采众长，就是不同民族文化之间进行交流、借鉴与融合的问题，教材又进一步介绍了不同民族文化之间进行交流、借鉴与融合的作用。文化的交流、借鉴和融合，是学习和吸收各民族优秀文化成果，以发展本民族文化的过程；是不同民族文化之间相互借鉴，以“取长补短”的过程；是在文化交流、借鉴的基础上，推出融汇多种文化特质的新文化的过程。我觉得可以用我看过的电影《功夫熊猫 3》来说明这一问题，《功夫熊猫 3》里有我国的很多元素，也有美国的元素。具体做法中其他的我都能理解，就是“以我为主，为我所用”我不太理解，其他同学也纷纷点头表示认同。教师追问：你刚才提到了《功夫熊猫 3》里面的元素很多都是我们的，比如，熊猫、功夫、场景、服饰、龙等等，可是《功夫熊猫 3》是我国的吗，为什么？一些同学说因为不是我们拍的，教师继续追问：仅仅因为不是我们拍的吗？生 A：老师我好像知道了，这部影片虽然运用了我们国家的很多元素，但这部影片的核心是讲述美国的个人英雄主义，美国的导演做到了以他为主，为他所用。所以，这部影片是美国的，不是我们的，所以文化在交流、借鉴时要保持文化的特色。生 E 受到启发补充说：就像甘地说的“我希望世界各地的文化之风都能尽情吹到我的家园，但是不能让它把我连根带走”。教师评价：同学们对这个问题的探讨很深刻，事例运用得很贴切，加油哟！

生 A 继续说：第四，文化创新还要坚持正确方向，克服错误倾向。生 F 提出了一个问题：克服错误倾向，我理解了既要克服“守旧主义”和“封闭主义”，就是不能认为自己的东西都好，别人的都不好，又要克服“民族虚无主义”和“历史虚无主义”，就是不能认为自己的东西都不好，

别人的都好。教师评价：很通俗易懂。可是“坚持正确方向”它指的是什么呢？教师引导同学们看板书——继承传统、推陈出新；面向世界、博采众长。学生恍然大悟，继承传统、推陈出新就要把握好当代文化与传统文化的关系，面向世界、博采众长就要把握好民族文化与外来文化的关系。

最后，教师结合学生说的内容进行总结，出示板书，同时进行补充。文化创新的主体是人民群众，因此文化创新还需要在立足社会实践的基础上，虚心向人民群众学习。

教学有法，但教无定法。选择一种什么样的教学方法我觉得必须依据学生的实际情况，也要能经得起实践的检验。自从采用了这种教学方法，学生读书和回答问题、提出问题的热情高涨了许多，很多同学课下表示现在上课更愿意倾听和参与了，这仅仅是一个开端。当然，这样的教学可能还是会有教教材的影子，但我更愿意和学生们一起在继承它的合理因素的基础上，尝试着注入时代的气息、学生的气息，也正如本课所讲的文化创新要在立足社会实践的基础上继承传统、推陈出新；面向世界、博采众长！

三、用真理的强大力量引导学生

理论是对经验现象或客观事实内在根据、相互关系的高度抽象与概括，是对事物深层本质的揭示。科学的理论能够超出具体经验的狭隘性与局限性，超出客观事实的朴素性、直观性，成为实践的先导。思政课改革要在坚持政治性、实践性的基础上提升学理性、理论性，实现“政治性和学理性相统一”“理论性和实践性相统一”。

真理是标志主观与客观相符合的哲学范畴，是人们对客观事物及其规律的正确反映。在思想政治课的教学中，教师要善于引导学生从诸多的具体事物中发现其共同的属性，用以指导自身分析问题和解决问题。也就是说，不但要授之以鱼，还要授之以渔，引导学生学会从特殊到普遍再到特殊的思维方法。

吉林大学博士生导师孙正聿教授曾就“有理”又会“讲理”做过论述：“好老师和差老师的区别就在于，好老师讲究两个字，差老师则多了一个字。好老师讲究的两个字就是‘讲理’，差老师多了个字就是‘不’讲理。”“一位所谓的好老师，他能够滔滔不绝地、由浅入深地给你讲道理。很多时候，都有这种情况：书上写条条，老师讲条条，学生背条条，考试答条条，阅卷找条条，老师自己从来没有把道理搞清楚，所以他只能是以“不讲理”的方式给人家讲理。那么，真正做到讲理的前提是什么呢？就是有理，有理才能讲理。”

孙教授还指出：“任何一种理论，无论是文史哲、政经法还是数理化、天地生（天文、地理、生物），都具有四种特性。一是向上的兼容性。可以称之为理论的东西都是人类文明史的总结、积淀和升华，这是最根本的。二是时代的容涵性。任何重大的现实问题都深层蕴含着重大的理论问题。同样地，任何重大的理论问题都源于重大的现实问题。三是逻辑的展开性。马克思有一句名言：‘理论只要说服人，就能掌握群众；而理论只要彻底，就能说服人。’理论是逻辑化、系统化的概念体系，它是通过逻辑力量‘以理服人’的。四是思想的开放性。最重要的思维是一种批判的、反思的思维。”

高中思想政治课的任务之一是培养学生对马克思主义的信仰，但

对马克思主义的信仰要建立在科学的基础上。对马克思主义的信仰，不是因为马克思这个人是什么“先哲”，或者马克思主义有什么神秘的东西，而是因为马克思主义是被实践反复证明的科学真理。

这就要求我们在思政课教学中，首先要以科学的态度对待马克思主义，以科学的眼光看待马克思主义，以科学的方法传授马克思主义，把马克思主义看作和其他学科一样的真理体系，靠真理的力量来帮助学生树立马克思主义信仰。其次，要引导学生领悟马克思主义的真谛，以真理的力量、理论的逻辑征服学生。学以立德、学以修身、学以增智，真正让学生掌握马克思主义这个看家本领。

因此，一位好的老师，必须能够由浅入深地讲清道理、讲好真理，让学生心服口服，从而达到教育教学的实效。

第三节 迈进社会实践大课堂

一、坚持思政课内容与社会实践活动紧密结合

1. 思想政治教育的特点决定思想政治课必须与社会实践相结合

思想政治教育是一种教育实践活动，是指社会或社会群体用一定的思想观念、道德规范对其成员施加有目的、有计划、有组织的影响，

使他们形成符合一定社会、一定阶级所需要的思想品德的社会实践活动。思政课是我国德育体系中的一个重要组成部分，是对中国公民进行宣传教育的主要阵地。通过思政课将中国公民塑造成为合格的社会主义建设者和接班人。

我国的思想政治教育以共产主义为方向，以提高人们的思想道德素养为根本目的，“思想政治教育的根本目的可以看作长远目标，它要经过人们长期的努力奋斗才能达到。在思想政治教育过程中，这一长远目标须经过多层次分解，成为一个一个具体目的，指导思想政治教育的具体活动。通过一个一个具体目的的实现，才能一步一步地向长远目标迈进”。思想政治教育的对象具有差异化和层次化的特点，面对不同的教育对象和不同的情况，我们如果不顾具体情况的变化，盲目地制订方案和采取措施，不仅容易陷入空洞和说教的泥淖，而且会导致教育效果的降低，甚至造成受教育者的逆反情绪。因此，要想实现思想政治教育的目标，就必须将思政课的内容与社会实践紧密联系在一起。

社会实践活动是学科内容的来源，是学科教学发展的动力，是检验教学效果的唯一标准，也是教育教学的目的。“思想政治教育的目的是衡量和检验思想政治教育成效的基本尺度。”党的十九大报告明确提出：“要全面贯彻党的教育方针，落实立德树人根本任务，发展素质教育，推进教育公平，培养德智体美全面发展的社会主义建设者和接班人。”我们思想政治教育的目的就是要落实核心素养，提高全民族的思想道德修养，为实现国家富强、民族振兴、人民幸福的中国梦培养合格的社会主义建设者和接班人，牢固树立共产主义远大理想和中国特

色社会主义理想。只有将学科内容的教学与社会实践紧密相结合，才能更好地实现思政课的教育目标。

“理想是与奋斗目标相连，有实现可能的向往、追求和信念，是一个人思想道德素质中最重要的素质。”人民有信仰，国家有力量，民族有希望。社会历史发展有其固有的规律，不同时代的人有不同的理想信念，而理想信念一定深深地植根于社会实践中，理想信念是对社会实践的回应和反思。“社会总是处于‘它现在是什么’与‘人们希望它是什么’的张力之中。理想信念就是人们立足实践，面向未来的憧憬。”邓小平同志曾经说过：“我们这么大一个国家，怎样才能团结起来，组织起来呢？一靠理想，二靠纪律。”众人拾柴火焰高，人多力量大，团结就是力量，都在说明这个道理。实现中国人民对美好生活的诉求，需要理想信念，同时需要苦练内功。“为了国家自身的生存，个人的广博和精深的知识是不可或缺的。”把学科内容的教学与社会实践活动紧密相结合，理论联系实际，最大限度地提升全民素质，为实现中华民族伟大复兴奠定坚实的基础。

2. 科学有序地安排实践性课程的内容和步骤

思政课要全面贯彻党的教育方针，尊重教育规律。坚持育人为本，理论联系实际，把课内教学和社会实践有机结合起来。思想政治教育要坚持方向原则、求是原则、民主原则、渗透原则、层次原则、激励原则、主体原则、示范原则。

“政教习俗，相顺而后行。”“蓬生麻中，不扶自直；白沙在涅，与之俱黑。”“染于苍则苍，染于黄则黄，所入者变，其色亦变。”从荀子的名言警句中，我们可以感悟到环境的重要性。

“有一种唯物主义学说，认为人是环境和教育的产物，因而认为改变了的人是另一种环境和改变了的教育的产物，这种学说忘记了环境正是由人来改变的，而教育者本人一定是受教育者。”而马克思则进一步阐释了环境与人之间的辩证关系，“环境的改变和人的活动的一致，只能被看作并合理地理解为变革的实践”“人创造环境，同样，环境也创造人”。只有将学科内容的教学与社会实践活动紧密相结合，才能更好地贯彻党的教育方针，实现教育目标。坚持立德树人的目标，秉持育人为本的理念，为青少年学生营造出良好的学习和生活环境。“儿童所学到的东西中，来自他们在学校环境中的经验的东西，与教给他们的东西一样多。”青少年亦是如此。因此，科学有序地组织和实施实践性课程是上好思政课的重要环节。

第一是确定实践活动的主题。“议题式教学法”成为《普通高中思想政治课程标准（2017 年）》的一大亮点，是对传统的教学方法又一次的革新。课程标准明确规定了“围绕议题展开的活动设计，包括提示学生思考问题的情境、运用资料的方法、共同探究的策略，并提供表达和解释的机会”。这里从具体方法、理念指向与思维方式等方面的规定为议题式教学的实现提供了重要指导。从这几个方面着手展开议题式教学的设计，就可以让议题式教学在教学中充分“落地”，这对于议题式教学的设计具有非常重要的指导作用。议题式教学是要学生去“议”的，而“议”的具体形式，就是通过情境创设、方法指引、策略探究和发现陈述等方式展示学生通过活动实现学科内容的学习与落实，这是实现议题式教学的关键环节和基础形式。

新课程标准在模块1“中国特色社会主义”中列举了“怎样揭示人类社会发展的奥秘”“怎样看待资本主义社会的兴衰”“科学社会主义为什么科学”“不同国家、地区的历史各具特色是否有悖社会发展的一般过程”“社会主义为什么是近代中国历史发展的必然”“中国为什么能”“为什么要一脉相承、与时俱进”7个议题。模块2“经济与社会”列举了“为什么要坚持‘两个毫不动摇’”“为什么‘两只手’优于‘一只手’”“怎样保持经济平稳运行”“为什么发展必须以人民为中心”“如何建设现代化经济体系”“如何从收入分配中品味获得感”6个议题。模块3“政治与法治”列举了“为什么中国共产党执政是历史和人民的选择”“怎样高扬永不褪色的旗帜”“如何理解依法执政”“怎样看人大代表的作用”“协商民主有什么优势”“我国各族人民怎样和睦相处”“我们怎样当家作主”“公民参与立法有什么意义、有哪些途径”“如何增强政府的公信力和执行力”“为什么说司法公正是社会公正的最后防线”“法治如何让生活更美好”11个议题。模块4“哲学与文化”列举了“哲学有什么用”“人的正确思想是从哪里来的”“为什么要具体问题具体分析”“为什么要一切以时间、地点和条件为转移”“人们为什么有不同的价值观”“面对价值冲突如何选择”“怎样才能内化于心、外化于行”“传统文化是包袱还是财富”“文化的力量有多大”“文化创新靠什么”10个议题。选择性必修课程中，模块1“当代国际政治与经济”列举了“国家结构形式的形成与发展”“合作共赢是最大公约数”等议题，模块2“法律与生活”列举了“常回家看看为什么要立法”“我想创业”等议题，模块3“逻辑与思维”列举了“飞矢不动”“白马非马”“刻舟求剑”“草船借箭”等议题。选修课程中，模块1“财经与生活”列举了“货币与市场”“收入与支出”“投资与理财”“企业与就业”4个议题；模块2“法官与律师”中列举了“法官的职责”“审判程序”“律师的职责”“辩护和代理”4个议题；模块3“历史上的哲学家”列举了“百家争鸣的时代”“理学与心学的演变”“西方哲学的起源”“西方哲学的发展”4个议题。

第二是制订实践活动的计划。计划包括实践活动的目的与意义、方法、进程和预期效果。首先，结合我国国情和社会实际发现痛点，深入调查研究，分析出现问题的原因，明确社会实践活动的目的与意义。其次，根据研究目标的具体情况，选择最佳的研究方法，例如社会调查、参观访问、军事训练、场景模拟、生产劳动、视频收集、热点报告等；再次，根据研究的目的和方法，详细地划分任务进度表，统筹安排活动时间；最后，综合各方面因素推测社会实践活动能够达到的预期效果。

第三是具体开展社会实践活动。在开展社会实践活动时，要整合教育资源，形成教育合力，联合团委、学生会、社团联合会、学校宣传部等部门，共同推进实践活动的有序开展，逐步建立各部门长期有

效的合作体制机制。合理安排时间，每一环节的任务必须提前告知，让学生有充分和自由的准备时间，提高活动效果。

第四是总结和反思社会实践活动。将社会实践活动的真实效果与活动计划中的预期效果进行对照，总结实践活动中的成功经验，反思实践活动中的教训不足，为下一次社会实践活动的开展积累宝贵财富。由校方、教师、家长、学生团体、学生本人、社会权威评估机构组成社会实践评估团队，增强总结和反思的科学性。

二、以议题为纽带，以活动任务为依托，上实上好社会实践课

1. 以议题为纽带

“议题式教学”不同于“问题式教学”，议题式教学中的问题应综合教材与社会生活。要把思政小课堂同社会大课堂结合起来，让学生在生活中感受真善美，做努力奋斗的人。

“议题式教学”不同于“主题情景教学”，议题式教学中采用的情景出发点应是教材重难点且情景的设置上遵循生活逻辑，而不仅仅是套用某个事例一例到底。

“议题式教学”不同于“专题教学”，不是单纯的知识专题教学或热点专题教学，应是生活与知识的相互交融，且以不脱离教材为本。

“议题式教学”不同于“议题中心教学”（以真实社会情景为议题，分为七步骤：议题呈现—情景经历—调查实践—自主探究—议题讨论，

辨析学习—理性选择—展示交流—反思践行），议题式教学更加强调价值引领和价值导向。

议题选择必须是真实的，经过认真思考选择生活中需要探究的议题，这些议题在人们的认识中需要厘清，在人们的思维中需要碰撞。探究过程必须是缜密的，情景的选择要凸显整体性（逻辑递进/总分），子议题之间要突出系统性（中心议题—子议题），问题的设计要形成关系链，问题的驱动要注重趣味性，课程的实施要具有活动性（思维活动＋用知识的实践活动）。

议题导向必须有引领性，指导学科的核心素养：政治认同，法治意识，科学精神，公共参与。通过议题的讨论和思辨，来提升学生的理论思维品质，从而从低阶思维发展到高阶思维，从实践中得出的认识，经过实践的反复检验，最终服务于实践，为终身学习奠定基础。

2. 以活动任务为依托

“在教学实践中，活动化的呈现方式一直都被广泛地采用，特别是在公开课中，小组合作、游戏闯关、电话联系、短剧表演等等形式都被广泛地应用，这些 活动的目的往往都是为了在预设的情境中去“理解”某个知识，或者去“解决”某个问题，其着眼点在于用活动去支撑“某个”内容。”

案例：党的性质、宗旨和指导思想。

课标提示以怎样高扬永不褪色的旗帜为议题。

活动分析：“我”的理解和经验，“学生”的理解和经

验，课程要求与目标。

活动设计：小组分享、正面总结、反面分析、防范预警、体验分享。

活动情境：“最美代言书记”，假如你是村支书，“最丑”村支书。

活动聚焦：书记之“美”，美美与共，党章之美。

活动困境：书记之“丑”，从严治党的意义。

活动拓展：志愿者，人物访谈。

总结：第一是确定活动主题；第二是候场，进行活动分析；第三是暖场，进行活动情境；第四是开场，进入活动聚焦；第五是中场，分析和思考活动困境；第六是“半场”，进行活动感悟和拓展以及反思。

3. 上实上好社会实践课

“思想政治课的社会实践，是指在课堂教学之外，根据教学目的、内容和学生实际，在教师指导下，有目的、有计划地组织学生走向社会经受教育、锻炼的一种教学形式。”思想政治课的根本任务是为祖国培养出能够担当民族复兴大任的时代新人，让青年学生牢固树立起共产主义远大理想和中国特色社会主义共同理想，通过对中国特色社会主义和中国梦的宣传教育，让青年学生树立起正确的人生观、价值观、世界观、历史观。而思想政治课要想落实、落小、落细，就必须立足于社会实践，扎根于社会实践，服务于社会实践。坚持理论联系实际，发现现实生活中的痛点，通过调查研究积极寻找解决问题的对策。“思想政治课的社会实践包括社会调查、参观访问和社会服务等多种形式”。具体可以划分为以政治认同为主的德育活动课，以服务为主的劳动型活动，以追踪调查为主的考察型活动，以研究为主的项目设计活动等。通过不同类型的社会实践活动课，让学生通过社会实践获得真实的生活体验，了解社会生活的真实情景，发现现实生活的真实问题，从而打破传统思想政治课堂的封闭性，增强思想政治课堂的开放性。要使社会实践活动获得实效，教师必须与学生一起认真抓好三个环节：一是认真准备，如制订活动计划、联系活动场地、动员组织工作、活动方法指导等；二是认真实施，如进行组织管理、适时启发指导、遵纪安全教育等；三是认真总结，如指导学生整理材料、撰写小论文或调查报告、交流总结评比等。下面请结合具体案例来体会实践课的组织与实施。

案例1　以政治认同为主的德育活动课

接受新团员入团的支部大会流程

大会主持人：团支书杨礼桥；大会记录员：张懿婧。（记录流程和会议内容）

一、宣传委员（张碧纯同学）报告召开会议前的准备工作，并报告到会情况。高二23班团支书杨礼桥同学，坚持

从群众中来到群众中去的工作方法，了解人民群众的诉求，将共产主义青年团的理论思想广泛传播，并在同学中间发挥着共青团团员的先锋模范带头作用，经过民间访谈，敏锐地发现郑研枫和林家存同学还未入团，本着为同学负责、为支部负责的原则，团支书杨礼桥同学向两位同学分析一下共青团的现状和同学自身的未来发展需求，经班主任曹恒老师、班长董宇轩同学、优秀学生代表李晓琪同学等入团介绍人的推荐和帮助，郑研枫同学和林家存同学积极书写了入团申请书，并参加了东北师大附中8课时的团课学习，经过考试顺利完成团校的学习。高二年级团支部本着求真务实的工作态度对以上两位同学进行了为期6个月的考察，经过固定地点谈话，递交思想汇报，民主测评三个环节，组织认定两位同学已经具备了入团的基本条件，因此，今天召开团支部大会商讨郑研枫、林家存同学的入团事宜。高二23班团支部正式团员51人，实到45人。（姜蕴珊、邢家瑞、孙雨垚参加体育训练，张广群、穆禹成、代嘉乐请假）。参会的正式团员超过正式团员的三分之二，此次入团大会具有法律效力。

二、宣传委员（王时锐同学）宣布：讨论、审议郑研枫和林家存同学入团问题的支部大会现在开始。

进行仪式第一项：全体起立，唱团歌《光荣啊！共青团！》，领唱：杨礼桥。

进行仪式第二项：重温入团誓词，领誓人：董宇轩。

进行仪式第三项：主持人邀请优秀团员说明入团仪式的

意义，讨论接受郑研枫、林家存同学为共青团员。入团仪式的意义：200字以内。（优秀团员：曲明）

1. 郑研枫、林家存同学依次宣读《入团申请书》，汇报本人成分、简历、家庭情况、入团动机和对团的认识及需向团组织说明的问题。

2. 两名介绍人（李晓琪、董宇轩）分别报告被介绍人的有关情况，提出自己对入团问题的意见。

3. 组织委员（王璇）代表支委会报告对申请人的审查意见。（经过组织考察，同意郑研枫、林家存同学加入共青团。东北师大附中高二23班团支部宣，2019年6月14日）

4. 到会团员围绕申请人是否具备入团条件这个中心进行充分讨论、审议。（时间为3分钟）

5. 团员以举手或无记名投票的方式进行表决。（高二23班团支部经团支部核心组讨论，决定以举手的方式表决）

6. 组织委员（王璇）通过团支部大会决议。高二23班团支部正式团员51人，实到45人。（姜蕴珊、邢家瑞、孙雨垚参加体育训练，张广群、穆禹成、代嘉乐请假）。参会的正式团员超过正式团员的三分之二，此次入团大会具有法律效力。具有法定投票权的45名团代表，一致同意郑研枫、林家存两名同学光荣地加入中国共产主义青年团，请全体团员鼓掌通过！

7. 郑研枫同学、林家存同学表态。（每人1分钟）

8. 团支部书记（杨礼桥）对上述已通过接受为团员的

同学提出希望和要求。(时间 2 分钟)

进行仪式第四项：全体起立，唱《国际歌》，领唱人：班主任。

说明：

如果有两名以上发展对象，支部大会要逐一进行讨论、审议！

各支部可制作流程 PPT，内容简洁、清晰、庄重；

在此流程基础上，可做适当调整（如增加重温入团誓词环节等）；

本次会议，除入团仪式外，还要进行一次团课学习；(如本年度没有团员发展情况，请自行在班级内组织一次团课学习，内容积极向上)

全部会议要有记录（纸质、视频、图片等），并及时上传到《机会团建》。

反思：政治认同就是要培养学生对中国共产党和社会主义的真挚情感和理性认同，使学生拥护中国共产党的领导，坚定中国特色社会主义理想信念，弘扬和践行社会主义核心价值观，是其他素养的内在灵魂和共同标识。通过接受新团员入团的支部大会，以议题为纽带，以活动任务为依托，上实上好社会实践课。

案例2　以服务为主的劳动型活动

吉林省孤儿学校志愿服务课

第一项：岗前培训。

第一，要了解吉林省孤儿学校的概况。吉林省孤儿学校是一个社会福利事业单位，隶属于吉林省民政厅。自1956年建校以来，学校坚持“一切为孤儿服务，一切为教学服务”的办学宗旨，践行“呕心沥血当辛勤园丁，无微不至做孤儿亲人”的教风和“勤奋求实，全面发展”的学风，共培养教育了近4 000名各族孤儿，现已形成了以九年义务教育为主，涵盖高中、高等职业技术教育和劳动技能教育的办学格局。全校设有教务科、教育管理科、总务科、艺术团等几个职能科室，现有教职员工162人，有来自全省69个县（市、区）的在籍孤儿学生600多名，另有60多名考入国内各类大学就读。

第二，要明确进入孤儿学校的规矩。尊重孤儿，不要谈及涉及孤儿身世的敏感话题，尊重孤儿的生活环境和生活方式，平等交流，以诚相待。

第二项：进行志愿服务课。

2017年2月10日—省孤儿学校—“图书漂流课”。

2017年2月10日，东北师大附中51名教师，带着各

自喜爱的图书、玩具和食品来到省孤儿学校。

首先，给2月份出生的孩子集体过生日。在一个温馨的地方落座，把蜡烛点燃，让孩子闭上眼睛，许愿，志愿者和省孤儿学校的老师以及孤儿学校的其他学生一起为2月份出生的孩子唱生日快乐歌。唱完生日快乐歌后，2月份出生的最大的孩子负责给大家切蛋糕，与此同时，志愿者们把自己带来的礼物送给孩子们。

其次，51名志愿者除领队外，分成5个小组，每个小组在组长的带领下进入不同教室，按照提前分配好的名单进行见面活动，将自己所带的图书推介给孩子。每一组都有一个主题，例如教室1—音乐课，教室2—体育课，教室3—科学课，教室4—国学课，教室5—心理课等。每一组的组长都要合理安排工作，组员要积极配合组长的工作，要充分调动孩子们的积极性和创造性。通过具体知识的讲解，让他们掌握技能，习得方法，陶冶情操，提升品格。

最后，参观孩子们的宿舍、操场、图书馆、微机室、食堂等，让孩子们给我们当导游，讲诉他们的故事。通过孩子们的讲解，了解他们的风土人情，礼仪风尚，通过跟孩子的互动，将心比心，跟孩子们建立真正的友谊，帮助他们健康成长。

反思：公共参与体现人民当家作主的责任担当，思想政治学科培养公共参与，就要培养学生集体主义精神，乐于为人民服务，积极行使人民当家作主的政治权利、履行义务，是其他素养的行为表现。通过以服务为主的劳动型活动，以议题为纽带，以活动任务为依托，上实上好社会实践课，解决学生的真问题。

案例3　以追踪调查为主的考察型活动

自闭症学生的调试与康复

“儿童孤独症是广泛性发育障碍的一种亚型，以男性多见，起病于婴幼儿期，主要表现为不同程度的言语发育障碍、人际交往障碍、兴趣狭窄和行为方式刻板。约有3/4的患儿伴有明显的精神发育迟滞。”现阶段，高中阶段的学生出现自闭倾向的概率也越来越高，而自闭症的调试需要漫长而不确定的过程，自闭症的治愈也存在很大的不确定性，普通中学如果一旦出现类似情况，将非常棘手。

高中2016级男生李同学初中成绩名列前茅，中考以高分考进吉林省某重点高中的实验班，由于从小到大都是由家长“无微不至”地照看大，生活自理能力很差，进入高中竞争压力逐渐加大，学生李同学的成绩稳定下降……该重点高中每年招生1 400名学生，升学率90％左右，李同学在高一第一次考试中位列400名，按照年级排名应该是中等偏上的学优生，但是李同学并没有理性地分析自己的成绩和自己的

学习环境，只是简单地与初中的年级排名对比，产生了消极的心理暗示，对自己的学习能力产生了怀疑。李同学在高一的第二次考试中位列 700 名，按照年级排名和升学率来看，应该属于中等水平，但李同学无法正视自己的成绩，甚至对自己的人生产生了质疑，从此开始恐惧学校，从不间断地请假直至休学。

李同学休学一年后，降级一年回到了 2017 级 13 班开始新的学习生活。复学的第一天上学，是克服心理障碍的一个关键。李同学在其母亲和哥哥的陪同下，走进校园，但是不敢进班级，托辞说内急进洗手间，一去就是 30 分钟，班主任老师进行劝说，该同学终于鼓起勇气走进了教室。可是该同学不仅对学习毫无兴趣，而且不与任何同学交流，只是沉浸在自己的世界里，通过阅读书籍度日。班主任老师在发现了这种情况以后，及时与家长取得联系，在详细了解了该学生的情况以后，征求了该生的前任班主任的意见，给该生安排了一个热情开朗的同桌。李同学在同桌的带动下，情况逐渐好转，李同学与同桌的关系也日益密切。丰富的校园生活为学生的全面发展提供了良好的平台，钢琴艺术节、阳光体育节、英语文化节、研究型学习活动、阳光义卖等活动，在同桌的带动下也逐渐开始参与其中。但是文理分科以后，李同学与同桌虽然都选择了理科，但并没有分到一个班级里。李同学到了新的班级由于环境不适应，再次陷入休学的困境，令人担忧。

李同学面临的不是简单的学习问题，而是心理问题和生活问题。经过第二次短暂的休学后，李同学从理科班转到文科班，又一次开始了新的学习生活。经过家长和学校的沟通，确定了心理障碍的调试和康复计划。

首先，高一下学期的生活节奏适应期。李同学由于长期休学，生活毫无规律，家长介绍的情况是李同学基本足不出户，在家中以阅读课外书和看影视作品为主，基本没有任何社交行为。所以李同学到了新的班集体，生活节奏的适应是他面临的第一个难题。无规矩不成方圆。党的十八届六中全会的重要特点就是立规矩、守规矩，事实上，立规矩、讲规矩、守规矩，不仅是此次全会的特点，也是以习近平同志为核心的党中央治国理政的一个重要特征。国家是这样，学校也是这样。由于李同学作息时间的不规律，导致李同学经常性的迟到，严重地破坏了班级的管理秩序。而由于李同学特殊的心理情况，他在迟到后不会处理问题，他在面对迟到这个情况时，依然是按照自我中心主义，不向正在上课的老师致歉，也不正视同学们的目光，而是低头直接向自己的座位冲去。由此进入了一种恶性循环，老师和同学都开始刻意与李同学保持距离，本来就有心理障碍的李同学，在这种大环境下变得更加艰难。这一阶段，老师和家长经过商讨，确立了阶段性的目标，就是心理的和生理的调试，调整生物钟以尽量不迟到，调整心理以坚持来上学。

其次，进入高二上学期，李同学进入了心理康复的前期

准备阶段。在能够保证每天来学校的前提下，适当地给李同学安排一些班级的事务性工作。进入高二上学期，结合高一假期安排李同学每三天来班级浇一次花的辛勤劳动，由全班同学鼓掌通过了任命李同学为“护花使者”的荣誉称号。从此以后，李同学再也没有无故缺勤的情况，“护花工作”是“护花使者”的光荣使命。此外，李同学通过义务劳动、集体活动，心理障碍逐步消除，经过高二上学期半年的适应，到高二下学期进入了心理康复的中期调整阶段。李同学在高二下学期的心理调整阶段，陷入了“安逸区”，每天可以按时上学，但是不学习，不写作业，整日以看课外书为主，放学后去学校附近的理发店看电视，并与理发店老板结下了友谊。通过分析可以发现，此时的李同学只是形式上在校，他的灵魂是游离在学校以外的，李同学并没有融入班级。在这个过程当中，李同学的第一任同桌申同学、第二任同桌雷同学、第三任同桌梁同学都不同程度地提出换同桌的要求，其中雷同学出现了噩梦等不良反应。(以上三名均是男性，与李同学同性) 在这个过程中，与李同学同桌的同学学习成绩也出现了不同程度的下滑。该学校文科学生 300 名左右，重点率 60％左右，李同学的名次稳定在 220 名左右。

最后，到了高二的最后两个月，李同学的心理状态急速下滑，出勤率开始降低，出现了“第三次休学”的风险。班主任老师进行了一次家访，在班主任老师的劝说下，李同学回到了学校，可是随后李同学依然无故缺席课堂。学校按照学生管理办法对其进行警告。可是其仍不知悔改，班主任老师将其从班级座位图中删除。到了高二的最后一个月，该生来到班级发现没有自己的位置，内心十分惊慌，马上去找到班主任老师要求座位，失去的时候方知珍惜，班主任很气愤地说“哪里有空座，你就坐到哪里”。当时班级正好有一名女同学出国，李同学坐到那里以后，其同桌王同学马上提出抗议，要求更换同桌，一周以后更换为徐同学，再一周以后又更换为齐同学。（以上三名均是女生，与李同学异性）在这个过程中，李同学最后一名女同桌齐同学是班级学习第一名，齐同学不仅学习优异，而且品德高尚，顶住压力，没有再提出换座位的要求，由此李同学在齐同学的帮助下，进入了心理康复期。李同学开始认真学习，积极劳动，主动与老师和同学交流，主动为班级和学校做贡献，为班级添置了一个“解忧杂货店”的心理信箱，增强同学跟老师的沟通，并且在期中考试当中取得了优异的成绩，从 220 名进步到 150 名，以进步 70 名的成绩成为班级的“进步之星”。

反思：科学精神不仅指自然科学学习中应体现的求真务实思想，也指坚持真理、尊重规律、实事求是等。思想政治学科培养科学精神，就是使学生坚持马克思主义世界观和方法论，对个人成长、社会进步、国家发展和人类文明做出正确的价值判断和行为选择，这是达成其他素养的基本条件。通过以追踪调查为主的考察型活动，以议题为纽带，以活动任务为依托，上实上好社会实践课，解决学生的真问题。

案例4　以研究为主的项目设计活动

“你离理想有多远”主题班会

习近平总书记说：“坚定的理想信念是共产党人的政治灵魂”。中华民族自古以来就有伟大的梦想精神，坚持理想，不懈追求。理想是一个民族前行的灯塔，是一个国家奋进的旗帜，也是一个人不断前进的导航。科学研究表明，有目标的人行动更有效率，更容易成功。列夫·托尔斯泰说过：“人活着要有目标，一辈子的目标，一段时间的目标，一个阶段的目标，一年的目标，一个月的目标，一个星期的目标，一天、一小时、一分钟的目标。”法国文学家托马斯·布朗曾经说过：“你无法延长生命的长度，却可以把握它的宽度。”把握生命的宽度，就要为理想而奋斗，让生命充满诗意的色彩和无限的可能。

第一项：观看北京大学的宣传片《星空日记》。

通过集体观影，观看主人公为了“摘星星”这个梦想不懈追求，历经坎坷，虽有迷茫，但守初心，不忘使命，最终成功的感人案例，引发思考。

第二项：畅所欲言——说出自己的理想。

具体过程如下：

1. 吴雨芯：未来要选择一个不用学数学的专业，将来要选择一个不用数学的工作，可是这又怎么可能呢？

2. 张懿婧：要考北京大学，还是考北京的大学呢？苦练书法，中央美院也是实现理想抱负的地方！

3. 王鱼歌：要考北京的大学，还是北京大学呢？总之，我就是要去北京！

4. 张朋钰：将来想学习法律，具体的还没想好，心里还是惦记着北大！

5. 高赫：将来想学习法律或者历史，也喜欢地理，地理系到底招不招文科生？

6. 张心竹：像张继辉老师一样，去北京师范大学中文系，将来像张继辉老师一样！

7. 葛书妤：最爱心理学，将来要去最好的学校学最好的心理学！

8. 杨礼桥：环游世界，可是没有资本怎么办？

9. 韩颜瞳：因为我是跟着外公一起长大的，条条框框比较多，长大了，我想要自由！妈妈说自由需要资本，所以我要好好学习，将来考上一所好的大学，去考古系，因为考古系可以去爬山，去旅游。(是吗?)

10. 梁煜：想为社会做贡献，考上某一所大学的某一个专业，服务社会，这是个什么神奇的大学。

11. 董宇轩：想上中山大学。

12. 王时锐：想上南京大学。

13. 于菁格：想学金融、管理、法律。

14. 汪禹馨：将来要当网络视频主播，要学一个小语种，要去国外看看，要创造一个自己的品牌。

15. 周子微：将来要学金融。

16. 闫译文：要去大学当中文或历史老师。

17. 雷天宇：考古。

18. 张博文：清华美院。

19. 胡馨月：想干一个动动嘴皮子就能赚钱的工作。(这是什么专业?)

20. 徐悠宁：吉林大学法学。

21. 蔡牧含：穿上空军或海军的服装。

以上21名同学在班会课上说出了自己的理想。

第三项：明察暗访——说出别人的理想。

第四项：教师总结——修身、齐家、治国、平天下。

反思："这种感性认识的材料积累多了，就会产生一个飞跃，变成了理性认识，这就是思想。"通过同学们的分享，我们仿佛遇见了未来，未来已来，有理想是幸福的，但是老师建议大家把自己的小理想和家庭的理想、国家的理想结合起来。要有家国情怀，这就是我们新时代青年人的使命担当。而政治学科的核心素养之公共参与，就是体现人民当家作主的责任担当，思想政治学科培养公共参与，就要培养学生集体主义精神，乐于为人民服务，积极行使人民当家作主的政治权利、履行义务，是其他素养的行为表现。

第四章

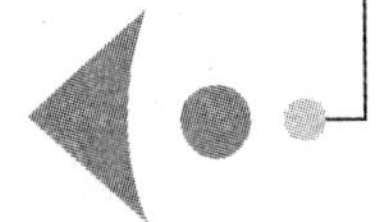

有信仰的人讲信仰

时序三月，惠风和畅，伴随着大自然的春晖，学校思想政治教育迎来了崭新的春天。“思想政治理论课是落实立德树人根本任务的关键课程”“办好思想政治理论课的关键在教师”，这份强大支持与寄予厚望是对广大思政教师专业化存在与尊严的神圣要求，更是“让有信仰的人讲信仰”的神圣使命。立德先立师，树人先正己，新时期面对新形势亟需新状态，肩负新使命必需新作为，准确定位自身的神圣职责：思政教师是学生的镜子，学生是思政教师的影子；努力践行政治要强、情怀要深、思维要新、视野要广、自律要严、人格要正，从而有效落实政治认同、科学精神、法制意识、公共参与核心素养的本质要求，培养担当民族大任的时代新人，培养德智体美劳全面发展的社会主义建设者和接班人。

第一节　政治要强，情怀要深

一、保持政治清醒

作为新中国成立以来党中央召开的第一次专门针对一门课程的教师座谈会，其科学思想理论完全可以成为新时代学校思想政治教育的行动指南。“让有信仰的人讲信仰”，首先让政治清醒的人讲信仰，就是政治上的大是大非问题。思政教师必须时刻保持“政治要强”唱响主旋律的政治清醒，必须深刻达成“政治要强”坚守主阵地的政治共识，深入学习领会和贯彻座谈会精神，自觉对照要求增强政治定力，坚持党中央权威和集中统一领导，自觉在思想上、政治上、行动上同以习近平同志为核心的党中央保持高度一致，强化思政课教学的政治方向、政治立场、政治言论及政治行为，不忘初心牢记使命，在真信中树立信仰为党育人，在真懂中牢固信念为国育才，在真用中强化信任为民育人，增进思政课程向课程思政的发展，促进思政教师向教师思政的进步，培养政治坚定之人，使思政课成为党和国家治国理政的

重要组成部分，思政教师理直气壮地上好思政课。

坚守信仰为党育人。教育是党之大计，思政教师要上好让党放心的思政课。中国共产党的宗旨是全心全意为人民服务，思政课要与党的事业发展要求相适应，思政教师必须坚守信仰为党育人。习近平总书记指出："建设社会主义现代化强国、实现中华民族伟大复兴，思政课作用不可替代，思政课教师责任重大。"这是摆在广大思政教师面前讲政治、讲党性、讲原则的大是大非问题。因此，思政教师要从自身做起，忠诚和热爱党的教育事业，自觉听党话、跟党走，坚定马克思主义信仰，旗帜鲜明地站稳立场，自觉用一个"表态"、一个"判断"、四个"服务"、六点"要求"、八个"相统一"等习近平新时代中国特色社会主义思想来武装头脑，统领思想政治课教学，带着科学的信仰，不辜负党的信任与重托，在"真信"中理直气壮地上好让党放心的思政课，培养忠于中国共产党能够担当民族大任的时代新人。

在必修二《政治生活》四个单元每节课的教学中，思政教师始终端正鲜明的政治态度与清晰的政治意识，大力开展主题教育以生为本，以多种方式进行"政治底线"原则教育活动，引领学生拓宽知识视野，明确政治方向。第一单元的公民原则"法律面前一律平等、权利与义务统一、个人与国家利益一致"，第二单元的政府原则"对人民负责"，第三单元的人民代表大会制度原则"民主集中制"、多党合作制原则"国家的宪法和法律"、民族关系原则"民族平等、民族团结和共同繁荣"，第四单元的国际关系原则"和平共处五项原则"，分别从公民、政府、政党制度、民族关系、外交政策出发，前提必须坚持中国共产党的领导，才能统一领导协调各方，旗帜鲜明地固守思政课的政治底线，为学生打好政治底色，引导学生“一片红心向着党”，更加热爱中国共产党。

牢固信念为国育才。教育是国之大计，思政教师要上好让国家安心的思政课。习近平总书记定位思政课是关乎党和国家发展，关乎社会主义事业建设全局的一项基础性、先导性、根本性、长远性工作，承担着为中国特色社会主义服务的使命，体现中国特色社会主义教育的特殊价值，为巩固和发展中国特色社会主义制度服务，为改革开放和社会主义现代化建设服务，发挥着其他课程不可替代的作用。因此，思政课要与国家事业发展相适应，把上好思政课提升到关乎国家意识形态安全的高度，更加坚定思政课的为国立场。

青少年是祖国的未来，民族的希望，正处在人生打基础的“拔节抽穗期”。闻道有先后，术业有专攻，思政教师责无旁贷肩负着培养一代又一代拥护社会主义制度、立志为中国特色社会主义事业终身奋斗有用人才的重任。思政教师要在自身闻道、必须明道与坚定信道的教学实践中自觉锤炼忠诚品质，努力向党中央看齐，坚持用习近平新时代中国特色社会主义思想铸魂育人，不断完善三大教育追求“大境界、大胸怀、大格局”，以德立身、立学及施教，引导学生增强“四个自信”，即道路自信、理论自信、制度自信、文化自信，时时处处铭记祖国在我心中，使爱国情、强国志、报国行真正落地生根，为坚持和发展中国特色社会主义事业、建设社会主义现代化强国、实现中华民族伟大复兴不懈奋斗，不辜负国家的信任与重托，在“真懂”中理直气

壮地上好让国家安心的思政课，培养忠于祖国献身社会主义现代化建设事业的建设者。

强化信任为民育人。教育是民之大计，思政教师要上好让人民称心的思政课。“天地之大，黎元为先”，回顾三万多字的十九大报告，习近平总书记200多次提到“人民”、3次强调“人的全面发展”、4次提出“以人民为中心”“人民对美好生活的向往就是我们的奋斗目标”“在大中小学循序渐进、螺旋上升地开设思想政治理论课非常必要，是培养一代又一代社会主义建设者和接班人的重要保证”，这些重要论断源自初心，系着民心，视教育为民生之基，彰显鲜明的人民立场，蕴含深厚的人民情怀，因此，思政课要同人民群众期待相契合，努力为人民服务，为学生的终身发展服务。

思政教师要树立正确的工作态度和职业道德观，以学生为中心，以人民称心满意为目标，时刻牢记人民对人才培养的要求，坚定人民立场，理直气壮地信仰、研究与传播马克思主义，不断探索教育规律和学生成长成才规律。既要“我爱每一片绿叶”，着眼学生共性发展的需要，又要“不拘一格降人才”，尊重和满足学生正当的个性化要求，以是否有利于学生全体、全程、全面的发展作为思政课教学的尺子，因势利导、因材施教，充分发挥和调动学生学习的积极性、主动性与创造性，力求全面提升学生的知识、能力和素质，引导培养学生成为德才兼备全面发展的人，承担起中华民族伟大复兴的历史重任，不辜负人民的期待与重托，在“真用”中理直气壮地上好人民称心的思政课，培养忠于人民的德智体美劳全面发展的接班人。

二、保持家国情怀

教育是人民幸福、民族振兴、社会进步的基石，习近平总书记强调思政课教师“情怀要深，保持家国情怀，心里装着国家和民族，在党和人民的伟大实践中关注时代、关注社会，汲取养分、丰富思想”。我们知道，核心素养的深处就是家国情怀，要让有情怀的人讲情怀。因此，思政教师自身要以爱国主义为核心，加强自身的思想政治、道德及理论素养，以家国情怀为精神基因和民族灵魂，厚植深层持久的家国情怀，引导学生“风声雨声读书声，声声入耳；家事国事天下事，事事关心”，从而家国一体，于家为国，培育家国情怀，献身伟大时代。

家国一体。“家是最小国，国是千万家”，家国一体、休戚相关。所谓家国情怀，是深植于内心的个人对家国的认同和深厚感情，是一种源自内心的质朴情感。“受光于庭户见一堂，受光于天下照四方”，家是国的基础，国是家的延伸，爱家是天道自然的情感，爱国是天经地义的要求。家国情怀更是一种对自己国家和人民的深情大爱，是对国家富强、人民幸福的理想追求，是对国家高度的认同感、归属感、责任感和使命感的必然要求，是每个人的安身立命、安居乐业之所。国有史、方有志、家有谱，一部中华民族千百年的文明史，就是传承家国一体的伟大历史。

“天下之本在国，国之本在家，家之本在身”，因此，思政教师自身要深入学习、牢固掌握并灵活运用科学的世界观和方法论，教学中围绕学生、关照学生、服务学生，厚植家国情怀，不断发现问题、辩

证分析问题和及时解决问题，做家国情怀的重要传递者。正确引导广大学生树立科学的世界观、人生观和价值观，把对祖国深层持久的赤子之心、对民族自豪的恒心与信心，化作高举家国情怀的火炬，与民族共命运，与祖国同进步，与时代同发展，引导和教育学生热爱祖国、热爱人民，努力承担为中国共产党、中华民族、中国最广大人民群众培养一代又一代时代新人、建设者与接班人的历史重任。

于家为国。史书万卷，字里行间皆可见“家国”，做人最大的事情，就是要知道怎么爱国。因此，思政教师自身要率先垂范、言行一致、表里如一、于家为国，要“先天下之忧而忧，后天下之乐而乐”，自觉地把个人的前途命运与国家、民族、社会紧密融合，把对学生的真情热爱、对事业热情执着与对民族深情厚意融入到爱岗敬业的思政课教学实践中，善于挖掘学生自身的点滴善行，大力弘扬仁人志士的家国大爱，把爱国主义为核心的民族精神和改革开放为核心的时代精神有机结合，延续、巩固和铸就一脉相承的家国情怀，才能教育学生、感染学生、鼓舞学生与激励学生，让家国情怀扎根于学生心灵。

教育和一。在学习必修三《文化生活》“感受文化的影响”时，其中两处引起学生强烈共鸣。其一，理论上提升民族文化自信心。视频与文字资料显示：新中国70年艰苦卓绝的奋斗历程是家国情怀同频共振、共享共建的真实写照，它凝聚了无数中华儿女大情大爱大义的家国情怀，是中华民族在中国共产党的领导下实现了从“站起来”到“富起来”再到走向“强起来”的辉煌历史。其二，实践中提升民族自豪感。图片与文字资料显示：热议同龄人的文化明星武亦姝与《中国诗词大会》现象，高声品读钱氏家族强大文化基因故事，凝神观看习近平彭丽媛夫妇各自青涩的学生时代、荡秋千时亲密有爱的互动瞬间、出访俄罗斯大格局、精气神、民族风、中国范儿的挥手之间。从小到大，由近及远，师生共同体会“正心、修身、齐家、治国、平天下”的人生理想，师生共同品味“穷则独善其身，达则兼济天下”的人生态度，师生共同体验“一屋不扫何以扫天下”人生境界，从而引导学生在小我与大我、小爱与大爱的辩证统一中砥砺家国情怀，以家国情怀担当起时代与民族重任。

第二节　思维要新，视野要广

辩证唯物主义告诉我们，世界是永恒运动、变化和发展的。时代在发展，社会在进步，思政教师的思想意识需要与时俱进，不但政治过硬有信仰，还要本领高强有底气。因此，创新思政课堂教学，“思维创新，视野要广”，学会纵横比较，胸怀祖国，放眼世界，从而理直气壮地上好思政课。

一、创新课堂教学

创新是一个民族进步的灵魂，是国家兴旺发达的不竭动力。其中“思维要新”，学会辩证唯物主义和历史唯物主义，创新课堂教学，给学生深刻的学习体验，引导学生树立正确的理想信念、学会正确的思想方法。反思多年来作为思政教师的教学体验和教学效果，从毕业多

年依然热切奔来的四面八方的弟子那里反复确定，案例教学中多设计中国故事、诗意课堂中多追问家国情怀，对于增强思政课的凝聚力、为学生终身发展奠基十分必要。

案例教学，讲好中国故事。有研究表明，人们获得知识的记忆比率分别为：听觉记忆15%，视觉记忆25%，视听结合记忆65%，而案例教学法可使学习效果最大化，记忆更深远更长久。案例教学设计中，立足课堂和学生实际，创设宽松的教学实践情景，筛选正能量、真实、典型的问题，经过分析视觉资料，以例说法，事理结合，缩短理论与实际的距离，激发学生的学习兴趣，激活学生的思维，从而有针对性地培养学生的分析问题与解决问题的能力。

中国人喜欢听故事，莫言就从中国人的思维实际出发，运用魔幻主义思维创新手法讲故事，斩获诺贝尔文学奖。身边善行，润泽心灵，思政课堂教学的创新可以在扬弃中取其精华，天边不如身边，道理不如故事。

思政教师从中学生同样喜欢听故事的实际出发，精选、优化、整合生活资源，集中“筛选”案例。“筛选”的案例应具备紧扣教材、围绕教学目标，有明确的重难点指向性，紧密结合具有连续性的国家大政方针政策等，其中“中国故事”能够集正能量、真实、典型为一体，是凝聚核心价值观的最佳载体，可亲可学可分享，使情与理在故事里相遇，最适合“高大上”与“接地气”的辩证统一。“这就需要思政教师多积累符合学生生活逻辑、着眼学生生存发展的系列素材，做好厚积薄发的感性储备；多读经典理论书籍，做好批判继承的理性沉淀，沿用好办法，改进老办法，探索新办法，用学生喜闻乐见的形式讲故事、摆道理，使教学内容有意义、有意思、有共鸣。”

例如“华为”故事，从民营小厂起步到高奏民族产业的凯歌，这里有企业经营者素质的励志人生，有我国对外开放政策的宏大格局，有国际社会中与狼共舞的民族精神等，教师引导学生多角度体会与体验，使学生在学习中领悟，在领悟中践行。

诗意课堂，回归教育本真。诗意课堂是思政课教学守正创新的最高境界。从哲学理论基础看，“人诗意地栖居”是哲学家海德格尔借助德国古典诗人荷尔德林的诗句诠释的，这里的“诗意”不是名字而是动词，类似康德《实践理性批判》中的“哲学源于仰望头顶的苍穹和心中的道德律”，立足学生的小生活，以诗意化的形式阐释大道理。对教师而言，它是流畅诗意的语言、严谨漂亮的板书、清新得体的衣着、文明优雅的举止、亲和稳定的心态、教学艺术的留白，是满怀热情凝聚而成师生关系的民主和谐，是饱读诗书升华而来核心素养的落地转化；对学生而言，它是小感受、小感动，它是因时而变的一首歌、一句诗，是因时而进的一本书、一幅画，是因时而新的一位名人、一句名言等。诗意课堂是行进过程中师生不断关注与感悟的绽放与闪光，是师生不断体验与领悟中的希望与激荡。

从教育理论基础上看，中国传统教育就以诗文为依托，注重春风化雨、润物无声。大教育家苏霍姆林斯基说“我一千次地确认并相信，没有一条富有诗意的感情和美的清泉，就不可能有学生的全面智力的发展”。初次分享广东省特级教师胡兴松老师“灵动诗意”的思政课时，有一种“原来有人在这里”的感叹；今年思政课座谈会上共享吴又存老师诗情画意的发言，更有一种“原来我们都在这里”的震撼。面对每个独立的、有独特意义的成长中的中学生，在反思与启迪中更有底气继续践行多年来自身“着力严谨，共享诗意”的教学风格，宏

观上融情入理共存诗意，微观上蕴理含情分享诗意，回归教育本真，学生入耳入脑入心，教师过一种完整幸福的教育生活，使诗意课堂成为师生生命相遇和灵魂相约的最佳道场，正所谓“不要人夸颜色好，只留清气满乾坤”。

二、学会纵横比较

由于思政课兼具强烈的政治性与学理性、价值性与知识性、理论性与实践性等特征，其不仅具有特殊的重要性，还有其特殊的难度。面对思政课的高标准、严要求，思政教师不仅需要讲深刻讲透彻原理，还需要讲清楚讲明白道理。因此，思政教师要以习近平总书记提出“八个相统一”原则为指导，不断增进思政课的思想性、理论性、亲和力、针对性，运用马克思主义方法，以纵横宽广的视野，善于从知识视野、国际视野、历史视野的宽度角和度透视问题、把握逻辑、探索规律，通过生动、深入、具体的纵横比较，古为今用、洋为中用，引导学生胸怀祖国，放眼世界。

推陈出新，古为今用。“以史为鉴，可以知兴替”，从历史视野看新时代的意义，在中华人民共和国发展史上，我们的党具有前所未有的坚持和发展中国特色社会主义的信心和能力。思政教师要善于审时度势、把握当下，要有纵深的历史视野，厘清历史线索，挖掘历史材料，总结历史规律，把握历史大势，善于从源远流长、博大精深的中华优秀传统文化中汲取营养，把马克思主义基本原理同当代中国具体实际相结合，树立正确的历史观，引导学生理解我们选择中国特色社会主义道路的必要性和必然性，鼓舞学生立志报效祖国。

2019年全国高考中，陕西作文题以中国传统文化为底色，思政课可以作为推陈出新的资料借鉴应用。它呈现给考生五个“新时代”，1919年救亡图存的新时代、1949年当家作主的新时代、1979年科教兴国的新时代、2019年强国有我的新时代、2049年伟大复兴的新时代。材料中引导考生关注“两个一百年”，1919年至2019年五四运动100周年、1949年至2049年中华人民共和国成立100周年，“一百年来风兼雨，百年复兴路犹长”。引导学生用历史视野更好地了解中华文化，用辩证的思维更好地理解中华文明，客观全面地得出结论，我们党带领人民在革命、建设、改革过程中锻造了革命文化和社会主义先进文化，它是一个波浪式前进的光辉历程，从而坚定学生的道路自信，矢志报国。

博采众长，洋为中用。让世界了解中国、让中国走向世界，世界发展与中国特色社会主义建设，二者是矛盾的普遍性与特殊性、共性与个性的辩证统一关系。当前世界正处在大发展大变革大调整时期，思政课上学生也前所未有地关注世界变局与中国的角色定位、国际社会知识与全球人才素养的要求，因此，思政课教师必须拥有宽广的国际视野，有追求世界共同目标、具备人类情怀的国际意识，通过一系列横向对比，引导学生观大局、抓本质、明方向，“越是中国的，就越是世界的”，眺望世界，志向未来。

例一，在学习“经济全球化”内容时，展现“一带一路”建设成就，关注“人类命运共同体”，大力倡导和平发展、合作共赢的理念，形成国际视野，既要看到中国对世界做出的伟大贡献，也要辩证分析世界一体化、全球化、多极化这把“双刃剑”的影响，彰显中国的优势与底气，明确中国特色社会主义正在螺旋式上升，从而进一步增强学生的民族自信心。例二，开学第一课思政教师的开篇语：同学们，我们整个思政课都是以马列主义、毛泽东思想、邓小平理论、三个代表重要思想、科学发展观、习近平新时代中国特色社会主义思想为指导。在学习过程中，我们要坚持古为今用、洋为中用，中心重点是学习和解决中国特色社会主义问题，同时兼具世界眼光与情怀，坚信人民有信仰、国家有力量、民族有希望，我们的祖国才能走向更广阔的世界舞台！

第三节　自律要严，人格要正

重德立身，好学立教。思政教师不但自律要严，传递正能量，而且人格要正，涵养高尚人格。思政教师作为中华文明的传承者和美德的传播者，要敬业爱生、以德立身，内铸师魂、外塑师表，做贯彻党的理论、路线、方针、政策品德志趣高尚的宣讲者，成为学生健康成长风度气质优雅的指导者和领路人。

一、传递正能量

师者，传道、授业、解惑也，古今一理。思政教师作为知识、道理、信仰的传递中介，要时刻牢记习近平总书记反复强调教师的职业道德要求，不管什么时候，为党育人的初心不能忘，为国育才的立场不能改，为人师表，自身自律要严，做到课上课下一致，网上网下一致，自觉弘扬主旋律，积极传递正能量；自觉弘扬师德大爱，积极传递正能量。

自觉弘扬主旋律。时代画卷的底色聚焦人心，民族复兴的关键在于精神。早在2013年8月，习近平总书记在全国宣传思想工作会议上指出："我们正在进行具有许多新的历史特点的伟大斗争，面临的挑战和困难前所未有，必须坚持巩固壮大主流思想舆论，弘扬主旋律，传播正能量，激发全社会团结奋进的强大力量"。多元化的社会呈现多元化的思想意识，思政教师一定要激浊扬清、扶正祛邪，与我国人民精神世界的主流意识爱国主义、集体主义、社会主义思想保持高度一致，使思政课教学充满科学文明、开拓进取、健康向上的思想观念和道德风尚，共同汇入新时代中国特色社会主义先进文化的洪流，更加丰富学生的精神世界，增强学生的精神力量，促进学生的全面发展。

思政教师要识大体、顾大局，坚持政治性和学理性、价值性和知识性、建设性和批判性、理论性和实践性、统一性和多样性、显性教育和隐性教育"八个统一"，不断加强学习马列主义、毛泽东思想、邓小平理论、三个代表重要思想、科学发展观，尤其要深入学习习近平

新时代中国特色社会主义思想理论，始终坚持正确的政治方向，旗帜鲜明地坚持党性原则；始终坚持以人民为中心，坚定理想信念、端正价值理念、涵养道德观念，扎实推进新时代思政课守正创新，自觉履行教书育人的神圣职责，落实立德树人的根本任务，自觉以正面声音与主流文化弘扬主旋律，传递正能量，上好思政课。

自觉弘扬师德大爱。“其身正，不令则行；其身不正，虽令不从”。教师本身就是一本鲜活的教科书，而思政教师应该是其中的清流与亮点，不但要自觉弘扬主旋律，传递正能量，还要自觉弘扬师德大爱，传递正能量。

没有爱，就没有教育。百年大计，教育为本；教育大计，教师为本；教师大计，师德为本。思政教师立“师德”才能立“学德”，时刻注意自己的一言一行，在大是大非面前站稳立场，忠于教育事业，热爱学生、恪尽职守、依法执教。因此，教学中多引入学生乐于关注的当今时代主旋律的伟大实践事例；多引领学生立足小生活，从点滴感受中阐释大道理，学会感动与感恩，多引导学生用心读经典、多走心学榜样，时刻做到目中有人、口中有德、心中有爱、腹中有墨、行中有善，才能描绘教育者理想的愿景：心心相印的精神相遇和心灵拥护、一棵树摇动另一棵树、一朵云推动另一朵云、一个灵魂唤醒另一个灵魂，“身正为范”的师德大爱才有超越理论本身的灵魂交流，让每一名学生都能抬起头来走路，放飞梦想，对人生充满希望。

只有爱，也没有教育。师德贵在践行，“身正为范”要以“学高为师”为依托落地生根。思政课教师要在乐学、善教与精研中奋发有为、勇毅精进，把师德、师能、师技与师魂有机统一，使思政课内容内化为学生素质的重要组成部分，努力践行“四度”：要热爱人民的教育事业，坦荡为师、踏实从教，有强烈的事业心与责任感的“高度”；要尊重每一名学生，有公平地关照全体学生永不言弃的“宽度”；教育是慢的艺术，要永远眼里有束光、心中有片海，有等待每一朵花徐徐绽放的“温度”；要不断提高教育教学质量与水平，有锤炼自身勇于七十二变，引导学生勇闯八十一难的“深度”。自觉弘扬师德大爱，以高尚的师德感染人，以高雅的师表影响人，以高超的师智引导人。N 年后，那些我们曾经的弟子，也许不管我们如何拒绝，他们都忘掉了学校里学到的知识，但他们还应该怀有“吾爱吾师，吾更爱真理”的精神，他们一定还乐于在大爱大德中逐梦着诗与远方。

二、涵养高尚人格

习近平总书记对思政课教师特别提出了端正高尚的人格要求，“有人格，才有吸引力。亲其师，才能信其道。要有堂堂正正的人格，用高尚的人格感染学生、赢得学生，用真理的力量感召学生，以深厚的理论功底赢得学生，自觉做为学为人的表率，做让学生喜爱的人”。思政教师要有理想信念、道德情操、扎实学识与仁爱之心，追求并弘扬真善美，用高尚的人格传递无声的命令、无形的感召、无穷的动力与无限的希望，从而以德育德求真、以情育情至善、以行导行尚美，给学生心灵埋下真善美的种子，引导学生系好人生第一粒扣子。

求真。涵养高尚人格是一个求真的过程。立人先立德，树人先树品格，国有国格，人有人格，人格可以体现国格，高尚人格是一呼百应的号召力。心理学著名的“皮格马利翁效应”也称“期待效应”，它的“向师性”或影响或暗示强大的示范效应：学生像花草树木趋向于

阳光一样，趋向于教师。作为人类灵魂的工程师，思政教师要把做人、做事与做学问统一起来，承载起传播科学的理论与思维、传递科学的思想与真理的立德树人重任。因此，紧扣学生的生活逻辑，以润物无声的效果与惊涛拍岸的声势，引导学生乐于求知明事理、增长见识悟原理、丰富学识求真理，提高思政课的思想性与理论性，堂堂正正、坦坦荡荡地赢得学生，真正成为学生为学为人的表率和让学生喜爱的人。

"千教万教教人求真，千学万学学做真人"。求真理做真人，就要正本清源、求真务实、以理服人，自觉做教书育人的表率，使爱与责任同行。因此，思政教师要坚守职业道德，加强自身学习，讲政治、有风格、敢斗争，提高自身科学理论修养，正心聚力、自我净化、自我完善、自我革新、自我提高，把"俯首甘为孺子牛"的精神化为"我以我血荐轩辕"的豪迈，努力把思政课讲得"有棱有角"，用真理的力量引导学生，以自身的人格魅力唤醒、培养与影响学生，从而拉近与学生的思想距离，领航学生的美好人生。

至善。涵养高尚人格是一个至善的过程。有人格的教师才能对学生有吸引力和感召力。善能育德，厚德载物，如同冬天里的火把、夏日的清风。正如习近平总书记所言："未来中国，是一群正知、正念、正能量人的天下，谁的福报越多、谁的能量越大，与智者为伍、与良善者同行、心怀苍生、大爱无疆"。爱是教育的动力，亲其师，才能信其道。因此，思政教师坚守信仰不忘初心，涵养高尚的道德情操，用仁爱真心激发爱，用满腔真情培育爱，用满怀真诚传播爱，在三尺讲台上编织"仁而爱人"的事业，引导学生爱党爱国、向上向善，使学生在温暖与自信中健康快乐地成长。

以至善真情育人，就要知行合一、诲人不倦，把思政课讲得“有情有义”。几年前，一所中学招聘思政教师的标准令人敬畏：写一手好字、撰一篇好文、上一堂好课、做一个好人。“四个一”关注教师一程，旨在关爱学生一生。思政教师是思政专业的教育者、学生的合作者和指导者，要热爱与尊重学生，从学生的思想特点出发，遵循学生的身心发展规律，加强亲和力和针对性，运用生动有趣的形式寓教于乐，以亦师亦友的平常心态增进师生的情感联系，给学生公平与公正、时间与空间、赏识与鼓舞，做学生仁爱真情又博学多识的知心人，使学生学而思、学而行、学而信，从而拉近与学生的情感距离，为学生的全面发展与幸福奠定基础。

尚美。涵养高尚人格是一个尚美的过程。有人说，有才有德是精品，有德无才是次品，无德无才是废品，无德有才是危险品。思政教师培养学生成为德才兼备之人，可谓向美而生、彼此成全。一方面要以自身的道德行为与价值观念塑造学生积极向上、奋发有为、自强不息的品格，另一方面“教学风格即人格”，要把自己融入教学，完善自身精神与信仰、人品与人格，上好“心理有国家，肩上有责任”的思政课，照亮学生的心灵世界。

欲做精金美玉之人品，定从烈火中锻来；思立掀天揭地之事功，须向薄冰上履过。严峻复杂的国内外形势要求思政教师着力推动思政课改革创新，完善师的风貌、引领生的风华，把阳春白雪的科学理论与简约质朴的生活逻辑有机结合，在立德、立功与立言中立行，使思政课“有己有人”。例如学习“中华文化的特点”时，源远流长、博大精深的中华文化本身凝聚着爱国主义为核心的民族精神，教学中适当融入讲、论、辩、诵、舞、唱等美好的元素，用精美的知识陶冶情操，

用赞美的语言催人奋进，用唯美的板书赏心悦目，用优美的行为举止示范引领等，让学生在美的情境中栖居，在实践中触摸生活温度、感受社会发展、增强审美意识、提升审美品格，使立体丰满的思政课汇集科学的真、人文的善与艺术的美，从而拉近与学生的审美距离，做中华优秀文化的传播者、中国共产党执政的坚定拥护者与中学生健康成长的引路人。

“长风破浪会有时，直挂云帆济沧海”，思政课教育的春天已经来临，我们要以习近平新时代中国特色社会主义思想引领方向，铸魂育人，以思政课核心素养的培养求实求新立德树人，在新时代的召唤中“乐为”站在新起点，在新作为的呼唤中“敢为”迎接新挑战，在新篇章的号令中“有为”创造新成绩。努力打造有意义有意思的思政课，努力塑造既经师又人师的思政教师，立足本来，面向未来，做一名德艺双馨的人民教师，理直气壮地上好思政课，肩负起中华民族伟大复兴的神圣使命！

参考文献

1. 夏永林. 微信公众号“老夏说课”.

2. 欧阳辉. 思想纵横“练就过硬的政治定力”[N]. 人民日报，2016-11-10.

3. 李晓东，陈曲. 政治认同及其教学实施 [J]. 中学政治教学参考. 2018 (7).

4. 朱明光. 关于思想政治学科核心素养的思考 [J]. 思想政治课教学. 2016 (1).

5. 朱明光. 关于活动型思想政治课程的思考 [J]. 思想政治课教学，2016 (4)：6.

6. 骆郁廷，李勇图. 抖出正能量：抖音在大学生思想政治教育中的运用 [J]. 思想理论教育，2019 (3)：84—89.

7. 肖贵清，武传鹏. 社会主义核心价值观融入高校思想政治理论

课的重要意义及其路径［J］. 思想教育研究，2019（3）：74.

8. 韩震，朱明光. 普通高中思想政治课程标准（2017 年版）解读［M］. 北京：高等教育出版社，2018（9）：160.

9. 张立华. 活动型学科课程的实践三维度［J］. 思想政治课教学，2019（3）：31—34.

10. 王国芳. 指向学科核心素养的思想政治课堂教学转型［J］. 教学月刊，（中学版），2019（4）：3—7.

作 者 名 单

主　编：刘　芳

编　者：范纯静　侯天宝　宋维维

王翠芬　曹　恒　刘兴吉